教育家精神

| 以教育家精神为墨　挥毫绘就教育华章 | 铸魂强师之笔作笺　倾心书写育人传奇 |

铸魂强师

中央广播电视总台 ‖ 编

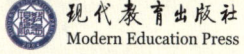
现代教育出版社
Modern Education Press

图书在版编目（CIP）数据

教育家精神：铸魂强师 / 中央广播电视总台编. 北京：现代教育出版社，2025.9. -- ISBN 978-7-5106-9871-2

Ⅰ.G40-092

中国国家版本馆CIP数据核字第2025LN3566号

教育家精神　铸魂强师

编　　者	中央广播电视总台
项目统筹	乔先彪
选题策划	刘黎黎
责任编辑	李　硕　王海平
装帧设计	赵歆宇
出版发行	现代教育出版社
地　　址	北京市丰台区右外西路2号中国国际出版交流中心13层
邮　　编	100069
电　　话	010-64252230（编辑部）　010-64256130（发行部）
印　　刷	北京新华印刷有限公司
开　　本	710 mm × 1000 mm　16开
印　　张	19.5
字　　数	280千字
版　　次	2025年9月第1版
印　　次	2025年9月第1次印刷
书　　号	ISBN 978-7-5106-9871-2
定　　价	68.00元

版权所有　　侵权必究

以星火之名

  翻开这本书，便踏入了一条由光影与文字交织而成的精神长河。众多教育家的面孔在历史烟尘中渐次清晰，他们的精神基因跨越百年时空，在纸页间流淌。愿您在光影与文字的对话中，找到属于自己的精神坐标。

Preface 序言

在历史的长河中,教育是一盏不灭的明灯,始终照亮着民族的未来。在漫长的教育旅程中,伟大的教育家们以其深邃的智慧和持之以恒的信念,塑造了一代又一代的思想者和建设者。从古代的孔子到现代的教育工作者,教育家精神的传承始终如一,为我们揭示了教育的本质与力量。

春秋时期,孔子以教育改革家和哲学家的身份,开启了教育的启蒙时代。他强调"有教无类",倡导人人都有受教育的权利,反对血统和身份限制。这一思想在封建等级森严的社会中无异于石破天惊,彰显了孔子对人类平等和教育普及的深刻认识。孔子的教育方法注重因材施教,以"学而不厌,诲人不倦"为座右铭,潜移默化地影响他的弟子们。他不仅教授知识,更重要的是传授道德和人格,将仁、义、礼、智、信作为立德做人之根本。这种以德为先的教育理念,为今天的师者们提供了宝贵的道德模板。

随着历史的变迁,教育的形式不断演变,但教育家精神的核心始终未变。无论是唐代韩愈的"师道尊严",还是明代王阳明的"知行合一",抑或是北宋范仲淹的"先天下之忧而忧",这些教育家都在传统基础上将其发扬光大,并赋予其时代特色。在他们身上，古老的儒家教育理念与新的时代需求相结合，创造出独具特色的教育实践。他们坚信教育不只是传递知识，更是塑造灵魂与人格的工程。这种信念被世世代代的教育工作者接力传递。

当今时代，科技的飞速发展将人类带入了新的认知阶段，给教育提出了更高的要求。现代教育不仅要应对复杂的知识结构和跨学科融合，还需培养学生的创新能力和批判性思维，以应对经济全球化带来的挑战。在这样的背景下，新一代教育工作者面临着史无前例的压力与机遇。他们需要继承孔子传下来的教育品质，同时需要创新教育方法和技术手段，以适应时代的变化。人工智能、大数据等新兴技术的应用，为教育的发展提供了强有力的工具，也促进了教育理念和教学方式的变革。

当代教育工作者们不遗余力地追随先贤的足迹，在实践中不断创新教育理念。他们引导学生在复杂多变的社会中找到自我定位，培养独立思考和自我解决问题的能力。他们注重多元文化的融合，倡导开放和包容的教育态度，为学生们提供多样化的学习环境。今天，教育家精神主要体现在以下几个方面：首先，教育的普及和公平性是核心追求；其次，教育家们须具备终身学习的精神，以应对知识的快速更新；最后，教育工作者应培养学生的社会责任感，引导他们关注全球性问题，如环境保护和人权平等。

教育，正因为有这样的师者传承，才能在岁月的积淀中愈加闪耀，为未来的每一代，点亮智慧的明灯。

目录 Contents

第一篇 | 心有大我　至诚报国 ‖ 001

教育家影像

教育救国的精神灯塔 ‖ 002
扎根大地的教育赤忱 ‖ 006
科技报国的教育突围 ‖ 009

教育家风华

蔡元培：兼容并包育新学 ‖ 015
张伯苓：爱国三问铸南开 ‖ 020
徐特立：革命烽火育桃李 ‖ 025
闻一多：红烛燃尽照民主 ‖ 031
马知恩：西迁路上的数学摆渡人 ‖ 036
陈学俊：西迁赤子践国需 ‖ 041
黄大年：地质报国探深地 ‖ 047

第二篇 | 言为士则　行为世范 ‖ 053

教育家影像

教育报国的三座丰碑 ‖ 054
三尺讲台书写教育兴邦的永恒答卷 ‖ 063
教坛躬耕的育人明灯 ‖ 066

教育家风华
　　陶行知：知行合一耕教育 ‖ 071
　　吴玉章：百年树人守初心 ‖ 076
　　蒋南翔：又红又专铸英才 ‖ 080
　　斯霞：童心母爱育幼苗 ‖ 085
　　霍懋征：没有教不好的学生 ‖ 090
　　于漪：教文育人守三尺讲台 ‖ 095

| 第三篇 | 启智润心　因材施教 ‖ 101

教育家影像
　　扫盲启智的乡村先驱 ‖ 102
　　教材育人的时代灯塔 ‖ 106
　　特教路上的希望灯塔 ‖ 109
　　启智润心、因材施教的教育典范 ‖ 112

教育家风华
　　马景武：特教拓荒写大爱 ‖ 119
　　叶圣陶：语文为舟渡众生 ‖ 124
　　李龙梅：盲童明眸引路人 ‖ 130
　　张晋藩：法史育人传薪火 ‖ 135
　　李庾南：自学议论引活水 ‖ 140
　　崔利玲：童趣课程润童心 ‖ 146
　　禹诚：职教匠心筑梦人 ‖ 151

| 第四篇 | 勤学笃行　求是创新 ‖ 157

教育家影像

高等教育的璀璨丰碑 ‖ 159
基础教育的坚实基石 ‖ 170

教育家风华

朱九思：高校改革闯将路 ‖ 176
潘懋元：高教拓荒立学科 ‖ 181
任继周：草业科学拓荒者 ‖ 187
王振义：医者仁心破血癌 ‖ 193
高铭暄：法典育人六十载 ‖ 198
卫兴华：马克思主义传灯人 ‖ 203
叶澜：教育学的中国化 ‖ 208
李吉林：情境教育开山者 ‖ 213

| 第五篇 | 乐教爱生　甘于奉献 ‖ 217

教育家影像

双星共耀大山未来 ‖ 218
扎根大地，播种希望 ‖ 224
教育田野上的生命丰碑 ‖ 228

教育家风华

张桂梅：大山深处燃灯者 ‖ 233

陈立群：支教黔东南的校长 ‖ 237

钟扬：高原种子追梦人 ‖ 241

李保国：太行山上的新愚公 ‖ 246

朱敏才和孙丽娜：银龄支教写大爱 ‖ 252

支月英：深山女童摆渡人 ‖ 258

| 第六篇 | 胸怀天下　以文化人 ‖ 263

教育家影像

教育开放的瞭望塔 ‖ 264

科技强国的双峰并峙 ‖ 269

诗教传薪铸国魂 ‖ 275

教育家风华

顾明远：教育本质的守望者 ‖ 282

杨士莪：水声报国筑深蓝 ‖ 287

丘成桐：数学王国的摆渡人 ‖ 292

叶嘉莹：诗词女儿传薪火 ‖ 297

理想信念
LIXIANG XINNIAN

第一篇

心有大我　至诚报国

中国的教育家始终和国家的命运、
民族的前途和人民的福祉紧密相连，同频共振，
在历史的长河中写下了浓墨重彩的一笔。

中国的教育家始终和国家的命运、民族的前途和人民的福祉紧密相连，同频共振，在历史的长河中写下了浓墨重彩的一笔。

扫码观看

教育救国的精神灯塔

精神提炼 ‖ 以大学为堡垒，铸造民族脊梁

19世纪末甲午战争失败后，在中国人民挽救民族危亡的运动中，献身教育的先进分子挺身而出，振臂高呼，教育救国成为他们的不懈追求。

1917年1月9日，蔡元培出任北京大学校长。他先后邀请陈独秀、胡适、钱玄同、鲁迅、李大钊等一批思想进步的青年学者来校任职或任教，让北大出现了前所未有的学术春风。

思想进步的青年学者于1920年在北京西山卧佛寺合影

1919年，第一次世界大战的战胜国在巴黎召开和平会议，中国作为战胜国也被邀请与会。然而在这次会议上，日本却要求将德国在中国山东省强占的一切权利转交给日本。1919年5月3日，当蔡元培得知北洋政府同意在巴黎和约上签字的消息后，立刻召集许德珩、傅斯年等师生代表开会，揭露了北洋政府的卖国行径，商讨挽救办法。当晚，北京13所大专院校学生代表在北京大学召开大会，决定举行学术界示威。第二天，一场以青年学生为先锋的爱国运动震惊中外。这就是伟大的五四运动。

当时，北洋政府出动大批军警前来镇压，几十名学生被当场逮捕。蔡元培闻讯后对学生们说："现在不是你们学生的问题，是学校的问题。不是学校的问题，是国家的问题。我是一校之长，自当尽营救学生之责。"蔡元培联合了北京各大学校长组成校长团，并动用一切社会力量对被捕学生展开营救。最终，在蔡元培的推动和全社会的共同努力下，被捕的爱国学生们获得了自由。

5月4日游行示威的学生

5月7日北京大学欢迎被捕学生返校

五四运动以后,在蔡元培的支持下,李大钊把马克思主义理论正式列入教学课程,组织成立了"马克思学说研究会"等进步社团。在李大钊和陈独秀等中国共产党创始人的影响下,邓中夏等一批青年成长起来,北京大学也成为研究和传播马克思主义的中心。

在担任北京大学校长10年左右的时间里,蔡元培把"爱国不忘读书,读书不忘爱国"的思想镌刻进中国教育史,让北大成为教育救国的旗帜和榜样,而蔡元培也成为当时教育家中至诚报国的典范。

1940年3月5日,72岁的蔡元培在香港病逝。香港举行隆重的悼念活动,街头钟鼓开道,礼炮齐鸣,万民送行。毛泽东在唁文中评价蔡元培为"学界泰斗,人世楷模"。

北京大学马克思学说研究会成员于1921年11月合影

1931年,九一八事变爆发,在国家和民族生死存亡的危急时刻,众多爱国知识分子以各种形式积极投身到抗日救亡运动中。

1935年9月17日,在南开大学的开学典礼上,校长张伯苓向全校师生提出了三个问题:"你是中国人吗?你爱中国吗?你愿意中国好吗?"这三个问题激起了全场师生的共鸣。

张伯苓曾经是北洋水师的一名海军军官,甲午海战失败后,他决定投身教育,走上了教育救国的道路,先后创办了南开系列学校。

> **张伯苓后人、第十二届全国政协常委　张元龙**
>
> 这(甲午战争)对他的刺激特别大。他们都觉得中国需要改变,从什么地方改变?从教育改变!

张伯苓的"爱国三问",让南开学子心中涌动起自强图存的希望,也坚定了他们以身报国的决心。

80多年过去了,"爱国三问"依然闪耀着时代的光芒。2019年1月,习近平总书记来到天津南开大学考察时强调,这既是历史之问,也是时代之问、未来之问。

张伯苓

扎根大地的教育赤忱

精神提炼 ‖ 以血沃土,让教育扎根人民

1937年1月30日,延安的一处窑洞前热闹非凡,为抗日救国日夜操劳的毛泽东,专程派人送来了一封亲手书写的长信,祝贺这个窑洞的主人六十寿诞。这位寿星就是毛泽东的老师、"延安五老"之一的徐特立。

徐特立和毛泽东相识于湖南第一师范学校,他的教育救国办学理念对毛泽东、蔡和森等许多有志青年产生了深远的影响。

1927年5月,在中国共产党遭遇危难时刻,徐特立毅然加入中国共产党,走上了革命救国的道路。在中央苏区时期,徐特立担任中华苏维埃临时中央政府教育部代部长,同时兼任苏维埃大学副校长。长征来到陕北后,他又出任边区政府教育厅厅长,创办了延安自然科学研究院、干部子弟小学班。在延安期间,徐特立为革命培养了大量人才。

1939年,根据抗日战争形势发展的需要,为了培养更多抗日干部,中共中央决定把延安地区的陕北公学、鲁迅艺术学院、延安工人学校、安吴堡战时青年训练班等四所学校合并,成立了华北联合大学。1500多名教职员工和学生从延安冲破封锁,辗转于晋察冀根据地,创造了敌后艰苦办学的奇迹,为抗日战争和解放战争培养了大批干部。

> **中国人民大学博物馆副馆长　刘春荣**
>
> 1939年11月的开学典礼上，李公朴先生这样说，华北联合大学是在敌后办起的第一所高等学府，这是历史上从来没有过的，是英雄的事业，是插在敌人心脏上的一把剑。

华北联合大学广大师生以坚定的革命信仰和强烈的爱国热情，铸就了"团结、前进、刻苦、坚定"的革命校风。他们中的很多人在残酷的斗争中献出了自己的生命，以身许国。

> **中国人民大学博物馆副馆长　刘春荣**
>
> 有一个同志叫杨展，她是华北联合大学的干事，是杨开慧烈士的侄女，也可以说是毛泽东的亲戚。她就在这次大岭沟的突围中，为了掩护同志，不幸坠崖牺牲，当时年仅21岁。

从1939年到1948年的9年时间里，华北联合大学培养了8000多名干部，他们成为中国革命的骨干力量，为新中国的成立作出了巨大贡献。

当华北联合大学辗转于敌后抗日根据地，为革命培养大批人才的时候，在中国西南方，一所由三所大学组成的联合大学，在炮火纷飞中坚持着教育救国的理想。这就是由北京大学、清华大学和南开大学三所高校在1938年4月组建的西南联合大学。

这所位居西南一隅的校园里，虽然没有一栋大楼，却有许多至诚报国的学界大师，其中就有著名学者闻一多。

华北联合大学举行建党 19 周年、联大周年纪念会

抗战时期国立西南联合大学校门（昆明）

闻一多在西南联合大学任教期间，开设了近十门课程。他把传统的文化教育和抗日救亡相结合，传播革命，宣扬民主。早年学过戏剧的闻一多在课堂上用声情并茂的朗读，震撼了一颗颗年轻的心。

> **西南联大博物馆馆长　李红英**
>
> 大家是为学而学吗？不是。我们要让它延续下去。我们要爱自己的国家，不仅仅只是表达在普通的情感当中，这种优秀传统文化的继承、传承，就是我们非常重要的一个部分，所以他以这样的方法开展教学。

一曲《满江红》谱就的西南联大校歌，在荡气回肠中凝练出了这所学校的办学精神。"千秋耻，终当雪，中兴业，须人杰。"当时很多学生就是在这样的歌声中，从这里走向抗日战场，成为保家卫国的英雄。

在西南联合大学的纪念碑上，镌刻着 832 位联大从军学生的名字。8 年间，每 100 名学生中就有 14 人为保家卫国而投笔从戎。每一个名字都是一位热血青年，每一个名字都是一颗报

1944年西南联合大学欢送抗日从军的同学

国之心。在"刚毅坚卓"校训精神的指引下，这里先后输送出近4000名毕业生，他们成为挽救民族危亡、促进民族复兴和国家富强的中坚力量。

科技报国的教育突围

精神提炼 ‖ 以科技为剑，护佑教育强国梦

在中国的历史上，心怀报国之志的教育家总是希望把家国情怀的火种播撒到每个角落，唤醒每一个懵懂的心灵。从华北联合大学到西南联合大学，莫不如此。中华人民共和国成立后，这样的征程依然在延伸。1955年，为适应社会主义建设的需要，也为了支持西部社会经济发展，中共中央、国务院决定将交通大学由上海迁往西安。

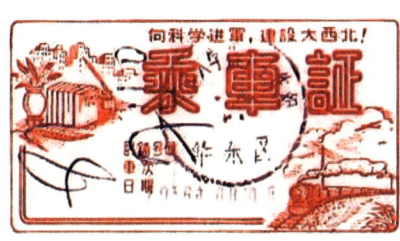

西迁车票

| 西安交通大学档案馆原馆长　贾箭鸣 |

这是我们第一个"五年计划"的核心。156个重点项目，西安有多少呢？17项！陕西省只有4所高等院校。在这种情况下部署这么多工业，它的科教力量与这种极端的薄弱就形成了鲜明的对照。在这种情况下，中央作出了要有力量比较雄厚、能够承担这样一个工业建设任务的一个学校过去的决策。这时候就选定交通大学，决定将交通大学从上海迁到西安。

1956年，21岁的马知恩以助教的身份从上海来到西安，此后在这里工作生活了近70个春秋。

1956年8月10日，小小的一张车票，拉开了交通大学整体迁往西安的序幕。列车上，举家西迁、两三代同迁是常见的场景。尽管条件艰苦，抵达西安的教授、讲师们几乎是一放下行李就立刻投入紧张的教学工作。

| 西安交通大学数学系教授　马知恩 |

难能可贵的还是这些教工，他们上有老、下有小，在上海有房子，有财产，有亲朋好友，离开上海生活也不太习惯……有很多这方面的困扰。但是在国家需要和他们个人利益之间，他们都坚决服从了国家需要。

"革命人永远是年轻，他好比大松树冬夏常青。

"他不怕风吹雨打，他不怕天寒地冻，他不摇，也不动，永远挺立在山顶。"

这是陈学俊生前最爱唱的歌。

1957年,陈学俊夫妇带着4个孩子随校西迁。在艰苦的条件下,他创办了中国的锅炉专业、热能工程学科,开创了多相流热物理学科,一生为中国工程事业奋斗。2017年,陈学俊在西安病逝,享年99岁。

> **西安交通大学档案馆原馆长　贾箭鸣**
>
> 陈先生本人能拉小提琴,能作曲,他太太是女高音,两人就是全面抗战以前在大学搞音乐的时候认识的。到西安来,房子他不要了,家具他也带不过去,但是钢琴他一定要带去的。他把钢琴从上海搬到西安,钢琴伴随他走了一生。

2020年4月22日,习近平总书记来到西安交通大学考察。他参观了交大西迁博物馆,看望了14位西迁老教授,对"西迁精神"给予高度赞扬。习近平总书记指出,"西迁精神"的核心是爱国主义,精髓是听党指挥、跟党走,与党和国家、与民族和人民同呼吸共命运,具有深刻的历史意义和现实意义。

与国家和民族同呼吸共命运的不只是西迁的师生,还有远在海外的学者。

2009年,世界著名地球物理学家黄大年从英国剑桥回到了祖国怀抱。当他悄然踏进吉林大学地质宫的时候,缓缓的脚步声震惊了整个世界。

2010年,吉林大学启动"名师班主任计划",黄大年担任了第一届"李四光实验班"的班主任。在地球物理研究领域,培养一批出色的年轻人,让中国在这个行业挺起自己的脊梁,是黄大年最大的心愿。

这之后的 7 年时间里,黄大年带领 400 多名科学家创造了多项"中国第一",为中国"巡天探地潜海"填补了多项技术空白,其中航空重力梯度仪的研究更是仅用 5 年时间就完成了西方国家 20 多年走过的路程。在他的推动下,2016 年 9 月,一个辐射多学科的科研特区——"交叉学部"在吉林大学初步形成。然而,这位被称为"科研疯子"的人师,却因为这极度透支的 7 年失去了健康的身体。

2017 年 1 月 8 日,黄大年因病医治无效在长春逝世,享年 58 岁。

习近平总书记作出重要指示,强调要以黄大年为榜样,学习他心有大我、至诚报国的爱国情怀,学习他教书育人、敢为

2013 年 1 月黄大年及其团队成员在极寒天气下进行固定翼无人机试飞

吉林大学黄大年办公室门牌

人先的敬业精神，学习他淡泊名利、甘于奉献的高尚情操。

黄大年把对国家的忠诚和热爱融入了自己生命的年轮，他用自己的生命实践了"心有大我、至诚报国"的教育家精神，也为中国教育谱写了一首壮丽的诗篇。

教育是国之大计，党之大计。教师作为太阳底下最崇高的职业，一直以来都和国家民族命运紧紧连接在一起。自古以来，一代代教育家们以天下兴亡为己任，为国育才，从未间断。今天，"心有大我、至诚报国"的情怀已经成为新时代中国教育家精神的重要组成部分。在中国共产党的领导下，新中国的教育工作者们秉承教育强国的大我情怀，像一座座精神灯塔为无数求学者照亮了前进的方向，引领他们树立爱国之志，走进实现民族复兴的伟大中国梦的时代洪流。

教育者，养成人格之事业也。使仅仅灌注知识、练习技能之作用，而不贯之以理想，则是机械之教育，非所以施于人类也。

——蔡元培

教育家小传

蔡元培

1868—1940

浙江绍兴人

教育家、思想家、民主主义革命家。他早年投身反清斗争，民国初年主持制定《大学令》，奠定了中国现代高等教育的基础。他的很多真知灼见，如重视大学开展科学研究工作，提倡"思想自由、兼容并包"，注重发展学生个性，主张"沟通文理"等对后世产生了重大影响。

蔡元培：兼容并包育新学

1916年冬日的北京城，寒风裹挟着黄沙掠过红墙黄瓦。一位身着长衫的中年人站在北京大学校门前，眉头紧锁。他刚从上海赶来，手中攥着北洋政府大总统黎元洪的聘书，却不知这所官僚气浓重的学府将如何承载他"教育救国"的理想。这位中年人，正是蔡元培。

破旧立新的第一步

彼时的北京大学，学生大多以"镀金"为目的，课堂里充斥着打牌、听戏的喧闹声；教员中既有清朝遗老，也有投机政客，学术空气稀薄如纸。蔡元培在就职演说中直言："大学者，研究高深学问者也。"他以"思想自由，兼容并包"为旗帜，决心将这所衙门式的学府改造为学术殿堂。

为延揽人才，他三顾茅庐请陈独秀来北大任教。1917年初，上海法租界的一间旅馆内，蔡元培顶着鹅毛大雪，第三次叩响了陈独秀的房门。彼时陈独秀正为《新青年》的经费发愁，对出任北大文科学长一职心存顾虑。蔡元培当即承诺："可将《新青年》编辑部迁至北大，经费由学校支持。"为解决陈独秀无学历、无教学经验的"硬伤"，他甚至亲自代拟履历，虚构"日本东京大学毕业"的经历上报教育部。这种"造假"之举，实则是对人才核心竞争力的看重——正如他为胡适《中国哲学史大纲》作序时，刻意强调其"世传汉学"的家学渊源，只为减少守旧派的攻击。

陈独秀的到任，如巨石投入死水。他携《新青年》入驻北大红楼，与胡适、钱玄同、鲁迅等人掀起新文化运动。与此同时，蔡元培又聘任守旧派学者辜鸿铭讲授英国文学，允许黄侃在课堂上痛骂"白话文为猪狗之语"。新旧思潮在北大校园激烈碰撞，学术空气空前活跃。据 1918 年统计，北京大学教授的平均年龄仅 31 岁，其中 35 岁以下者占 57%，胡适、刘半农等青年学者均在此崭露头角。

1918 年 8 月北京大学文科哲学门第二次毕业生与老师在办公室门前合影

1924 年 9 月北京大学国学门同人在三院译学馆原址合影

教育救国的实践者

蔡元培的改革始终与民族命运紧密相连。五四运动爆发后，他挺身而出保护学生，组织校长团营救被捕者。当北洋政府要求开除学生领袖时，他愤然发表《不肯再任北大校长的宣言》："我绝对不能再做不自由的大学校长……世界有这种不自由的大学么？"

这种"洁癖"式的抗争，源于他对教育本质的深刻认知。他曾说："教育是帮助被教育的人，给他能发展自己的能力。"在北京大学，他首创男女同校制度，允许女生旁听课程；设立新闻学研究会，培养了邵飘萍等早期记者；支持李大钊成立"马克思学说研究会"，使北大成为传播马克思主义的中心。1920年，当英国哲学家罗素访华时，目睹北大课堂里新旧思想交锋的盛况，不禁感叹："中国有了这样的大学，就有了希望。"

全面抗战爆发后，蔡元培虽已年近古稀，仍积极投身救亡运动。他担任国民政府军事委员会政治部副部长时，组织上海文化界救亡协会，甚至计划邀请爱因斯坦访华以提振民族信心。然而，这位"学界泰斗"的晚年却清贫如洗——1940年病逝于香港时，竟无钱购置棺木，最终由友人凑资安葬。毛泽东在唁电中称其为"学界泰斗、人世楷模"，正是对其一生"心有大我，至诚报国"的最高礼赞。

大学精神的奠基者

蔡元培的"兼容并包"，绝非无原则的调和。他坚持"学诣为主"的聘任标准，要求教授"必有真才实学，且能以身作则"。为延揽梁漱溟，他破格录取这位仅中学学历却精通佛学的青年；为聘请刚从美国归来的女教授陈衡哲，他力排众议开设西洋史课程。在他看来，大学应是"囊括大典，网罗众家"的学术共同体，而非政治或宗教的附庸。

这种精神在北大留下深刻烙印。1918年，文科教授钱玄同在《新青年》发表《中国今后之文字问题》，主张废除汉字；而守旧派学者刘师培则在《国故》月刊撰文捍卫传统文化。两派学者同台辩论，学生可自由选择听讲。正如鲁迅所言："北大是常为新的，改进的运动的先锋。"这种学术自由的传统，至今仍影响着中国高等教育。

精神遗产：照亮未来的火种

蔡元培的遗产，早已超越教育领域。他首倡"以美育代宗教"，将美学纳入国民教育体系；他推动男女平等，亲自为女儿解除裹脚布；他支持学生运动，坚信"青年如初春，如朝日"。这些理念，在百年后的今天仍具现实意义。

如今，北大校园里"思想自由、兼容并包"的办学方针，仍镌刻着他"完全人格，首在体育"的教育理念；而"爱国、进步、民主、科学"的校训，更成为无数中国学府的精神标杆。

站在蔡元培故居的庭院中，望着那株他亲手栽种的银杏树，仿佛仍能听见百年前红楼的读书声。这位"永远的北大校长"，用一生践行了"教育救国"的誓言。

他的故事告诉我们，真正的教育家，不仅要有兼容并包的胸怀，更需有至诚报国的赤子之心。正如他在《北京大学月刊》发刊词中所言："大学者，'囊括大典，网罗众家'之学府也……此思想自由之通则，而大学之所以为大也。"这，或许就是蔡元培留给中国教育最珍贵的遗产。

> 要救国,救法是教育。救国须改造中国,改造中国先改造人。这是总方针。方法与组织,可以随时变更。方针是不变的。
>
> ——张伯苓

教育家小传

张伯苓

1876—1951

天津人

近代教育家、爱国志士。先后创办南开中学、南开大学、南开女子中学、南开实验小学,构建完整的南开教育体系。倡导"允公允能,日新月异"理念,首推体育课为必修,发展戏剧美育,主张"土货化"办学。抗战期间率校南迁,合组西南联合大学,培育杨振宁、李政道等英才。其"知中国,服务中国"的思想,深刻影响近代教育格局。

张伯苓：爱国三问铸南开

1935年9月17日，天津南开大学秀山堂礼堂内，700余名师生屏息凝神。校长张伯苓缓步登上讲台，用带着天津乡音的语调连发三问："你是中国人吗？你爱中国吗？你愿意中国好吗？"这振聋发聩的"爱国三问"，不仅点燃了抗战时期青年学子的爱国热情，更使爱国成为贯穿南开百年校史的精神图腾。

甲午海战催生的教育救国志

1894年甲午海战，18岁的张伯苓亲历北洋水师"致远"舰的沉没。4年后，他在威海卫目睹"国帜三易"——两天内太阳旗、黄龙旗、米字旗交替升起，悲愤交加之际立下誓言："自强之道，端在教育！"这位北洋水师学堂优等毕业生，毅然脱下军装，转身投入教育救国的洪流。

1904年，张伯苓与严修在天津城南的荒地上创办"私立中学堂"。建校初期，教室是租来的民房，黑板用锅灰涂抹，粉笔是自制的石灰块。为筹措经费，他四处奔走，甚至典当祖产。1907年，新校舍在"南开洼"落成，校名改为"南开中学堂"。

在办学实践中，张伯苓逐渐形成"土货化"教育理念。他主张"以中国历史、中国社会为背景，以解决中国问题为目标"，将"乡村社会学""当代中国政治问题"等课程纳入教学体系。1917年赴哥伦比亚大学深造时，他特意选修"乡村教育"

课程，带回"教育即生活"的实用主义思想。

烽火岁月中的精神火炬

1935年华北危局加剧，张伯苓在南开大学开学典礼上的"爱国三问"直击人心。他痛陈时弊："很多人太自私、不能合作，爱耍小聪明、敦厚不足，做事浅尝辄止、知难而退。"这番话源于他对现实的深刻洞察——"九一八"事变后，部分学生热衷于"读书救国"，却对国难麻木不仁。

为唤醒青年，张伯苓推行"公能教育"。他将"允公允能，日新月异"定为校训，要求师生"具有爱国爱群之公德，服务社会之能力"。每周一的"总理纪念周"，他亲自带领学生诵读《少年中国说》；体育课上，他强调"强国必先强种"，南开大学篮球队因此成为全国劲旅。

1937年7月29日，日军轰炸南开校园。秀山堂、木斋图书馆化为焦土，30万册藏书灰飞烟灭。张伯苓在重庆对记者说："被毁者为南开之物质，而南开之精神，将因此挫折而愈益奋励！"他带领师生辗转昆明等地，与北京大学、清华大学联合组成西南联合大学。在茅草屋教室，他坚持"三校如一校，校舍虽分，精神无隔"。

毕生践行教育救国

张伯苓的爱国情怀贯穿一生。1948年，蒋介石力邀他出任考试院院长，他数次婉拒，最终在各方压力下勉强就任。但当蒋介石邀其赴台时，他断然拒绝："不愿离开南开学校，更不想离开祖国。"周恩来托人带来的话"老同学，飞飞不让老校长动"（"飞飞"是周恩来在南开上学时使用的笔名），成为他留守大陆的重要精神支撑。

在物质生活上，张伯苓堪称"吝啬"。他常年穿补丁长衫，出行靠步行，月薪仅取生活必需。1951年病逝时，他口袋里仅有7.4元和两张旧戏票。但他对学生却慷慨至极：曾匿名资助贫困生完成学业，为改善教师待遇四处奔走。南开校友吴大猷回忆："校长有一种魔力，让人甘愿为他吃苦。"

这种魔力源于他对教育的纯粹信仰。1927年，南开大学成立经济研究所时，他力排众议聘请何廉、方显廷等海归学者，开展中国农村经济调查。研究所编制的"南开指数"也成为民国时期最重要的经济指标之一。1932年成立的应用化学研究所则直接服务于民族工业，研发的甘油、钾皂、酒精等产品畅销华北。

穿越时空的爱国共鸣

今天的南开人以行动回应先辈之问。化学学院陈军院士团队研发的固态电池技术，助力"双碳"目标；周恩来政府管理学院学生连续15年赴甘肃支教，将"知中国，服务中国"写在黄土地上。2024年南开大学新生入学典礼上，校长陈雨露带领全体新生重温"爱国三问"，全场的齐声回答"是！爱！愿意！"的声音响彻云霄。

在南开大学八里台校区，张伯苓铜像静静地伫立着，仿佛

南开学校旧址

南开大学校钟

仍在发问。正如他1944年的演讲所说的:"南开之为南开,不仅因其有物质之建设,有规模之宏大,而尤因其有人才,有精神。"这种精神,正是"心有大我,至诚报国"的生动写照。

从甲午战火中走来的张伯苓,用一生诠释了何为教育家的大我情怀。他创办的南开系列学校,培养了2位总理、93位院士、57位将军;他提出的"爱国三问",成为中华民族的精神基因。正如南开校友老舍与曹禺合写的诗句:"知道有中国的,便知道有个南开。这不是吹,也不是嗙,真的,天下谁人不知,南开有个张校长?!"在实现中华民族伟大复兴的征程上,张伯苓的教育理想,正化作新时代青年奋进的号角。

所谓革命精神就是创造性,要懂得世界上的一切都需要创造,要前进就不能坐着等待,就要去创造。而要创造就要克服困难,不能贪图好环境,好条件。

——徐特立

教育家小传

徐特立

1877—1968

| 湖南长沙人

革命家、教育家,"延安五老"之一。早年创办长沙师范、平江乡村师范,倡导"平民教育",主张教师须兼具"经师""人师"之责。投身革命后支持学生运动,以年近六旬的高龄参加长征,任陕甘宁边区教育厅厅长时首创"干部教育第一"方针。践行"终身学习"理念,提出"实事求是,不自以为是"的教育箴言,其"群众本位"的教育实践深刻影响中国革命与建设时期人才培养体系。

徐特立：革命烽火育桃李

1934年深秋，江西于都河畔的晨雾中，年近六旬的徐特立将缰绳递给身旁的年轻战士。这位长征队伍中年龄最长的战士把组织为他配备的战马让给伤员后，自己挂着竹杖，穿着草鞋，踏上了两万五千里长征的漫漫征途。这位从湖南乡间走出的教育家，用一生诠释了何为"心有大我，至诚报国"。

寒门学子的救国觉醒

1877年，徐特立出生在长沙县五美乡的一个贫苦农家。4岁丧母，9岁入蒙馆读书，12岁过继给伯祖母为孙。16岁时他不得不辍学，为生计奔波。少年徐特立并未向命运低头，18岁时，他做出惊人决定——变卖祖产购买书籍，开启"十年破产读书"计划。1905年，28岁的他以第19名的成绩通过科举初试，却因交不起复试费而放弃，他在诗中写道："丈夫落魄纵无聊，壮志依然抑九霄。"

1909年，江苏省咨议局议长张謇发表《请速开国会建设责任内阁以图补救书》，并呼吁各省组织起来联合请愿。徐特立在修业学校演讲，历数列强的邪恶霸道和清政府的软弱罪恶。他悲愤不已，难以自制，突然挥刀断指，蘸血写下"断指送行，请开国会"。这一惊世之举，点燃了青年学生的爱国热情，也让他坚定了"教育救国"的信念。

从破旧立新到知行合一

徐特立认为教育应是人民大众的教育，穷苦子弟和"野孩子"都需教育改变人生。1911年，徐特立任善化第一高小校长，立志"用教育来改革人心"。1912年，他和当时的长沙县知事姜济寰商议要在全县办一千所国民小学，此后他创办了长沙师范、梨江高小、五美高小、长沙女子师范等学校。

在湖南第一师范任教期间，徐特立创新性地推行"自动主义"教学法。他要求学生在课前预习时标记疑问，课堂上分组讨论，教师仅作引导。这种模式培养出毛泽东、何叔衡、蔡和森、蔡畅、李维汉、许光达、田汉等独立思考的进步青年。毛泽东曾说道："我最敬佩的两位老师，一位是杨怀中（杨开慧的父亲）先生，一位是徐老。"

1919年五四运动掀起新文化思潮后，为探索救国道路，42岁的徐特立毅然踏上前往法国勤工俭学的征程。尽管"英文只能拼音，法文一字不识"，但他凭借着坚定的信念和顽强的毅力，克服重重困难。留法期间，他还前往德国、比利时考察教育，汲取国外先进的教育理念和方法。1924年7月，学成归国的他，带着满腹学识和对国家未来的憧憬，投身到更广阔的革命与教育实践中。

从教育者到战士的蜕变

1927年，国民党反动派背叛革命，白色恐怖笼罩中华大地。年过半百的徐特立，在生死抉择面前，毫不退缩，毅然加

1918年3月毛泽东在湖南省立第一师范学校第八班的合影

入中国共产党,成为一名坚定的共产主义战士。此后,革命斗争艰苦卓绝,危险如影随形,但他始终"革命第一,工作第一,他人第一",以自我牺牲和艰苦奋斗的精神,成为全党的楷模。

长征途中,徐特立是"流动的课堂"。他教战士们识字,用树枝在沙地上写"北上抗日";他给伤员讲《三国演义》,用"官渡之战"鼓舞士气。过雪山时,他把仅剩的辣椒分给冻僵的战士;过草地时,他背着药箱为患痢疾的同志采草药。红四方面军政委陈昌浩赞叹:"徐老既是先生,又是医生,更是战士!"

科技报国的教育实践

1940年,在抗日战争相持阶段,党中央高瞻远瞩,决定在延安创建自然科学院,为抗战和边区经济生产服务。同年12月,徐特立临危受命,担任自然科学院院长。彼时的陕甘宁边区,经济困难,物质匮乏,生活条件极其艰苦。但徐特立始终保持乐观态度,带领师生自力更生。他带领大家先后建起物理、化学、生物、地质等实验室,以及机械实习工厂、化工实习工厂和玻璃厂等。这些设施的建立,不仅让学生能够理论联系实际，更为边区经济建设提供了有力支持。机械实习工厂生产的医疗手术器械供应各医院，制造的大锅解决了造纸厂原料蒸煮难题，为边区发展立下汗马功劳。

在教学方法上，徐特立大胆改革。他主张教师因材施教、自编教材，成立自然科学编译社，组织专家编译各类教材。学校采用启发式、讨论式教学方式，创新授课模式，充分调动学生的主动性和积极性。课后，他定期检查教学效果，与师生交流经验，不断提高教学质量。此外，他还组织学生到生产第一线参观、实习，参加社会实践，让学生在实践中增长才干。

徐特立以身作则，勤奋不辍。60多岁的他，每天处理完学校事务后，要走20多公里山路回家继续工作，第二天又早早返回学校。无论风雨，他从未迟到，认真工作、从未言苦的精神，深深烙印在每一位师生心中。在他的领导下，自然科学院以培养"革命通才、业务专家"为目标，重视理论与实践结合，大力开展科学研究，培育出近500名毕业生，他们成为各条战线上的业务专家和领导骨干。

永不褪色的教育丰碑

徐特立长期从事基础教育，热爱科学事业，具有深厚的自然科学知识和理论基础。他借鉴国内外教育经验，将普通教育与科学教育相结合，形成了系统的自然科学教育理论和思想。他提出"教学、教研与生产相结合"的"三位一体"教育思想，认为这是发展自然科学教育的正确道路。自然科学院的师生在实践中，为边区经济生产、抗战胜利和建立新中国做出巨大贡献，充分验证了这一思想的正确性。

徐特立还提出"德育为首"的观点，强调教育要塑造人，将思想、政治、道德和个性心理品质教育融为一体。他倡导师生学习马克思主义理论，培养高尚人格和坚定革命理想信念。同时，他鼓励"实践创新"，培养敢于发挥个性、有创造力的青年。在他的带领下，师生开展大规模科学普查和实验活动，推动边区生产运动发展。此外，他鼓励"学术互动"，提出"民主治校"，为中国高等教育发展提供了重要指导。

1947年，徐特立七十岁寿辰时，毛泽东亲笔题写"坚强的老战士"，朱德称他为"当今一圣人"。

徐特立一生坚守初心，实事求是。他用行动诠释了全心全意为人民服务的宗旨，践行了中国共产党人的初心和使命。他的教育思想成为中国共产党创办高等自然科学教育指导思想的一部分，至今仍是北京理工大学的宝贵精神财富，激励着一代又一代北理工人奋勇前行。

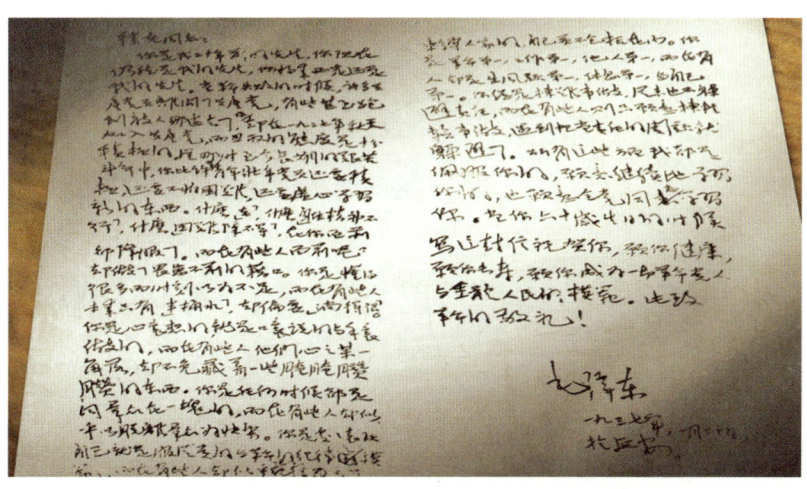

1937年1月30日，毛泽东写给徐特立的生日贺信

> 我以为人生最大的幸福，就是在平凡之中发现非凡。
>
> ——闻一多

教育家小传

闻一多

1899—1946

湖北浠水人

诗人、学者、民主战士，新月派代表诗人。以《死水》《红烛》等诗篇名世，精研古典文学，尤擅《楚辞》与杜甫研究。抗战期间投身民主运动，以《最后一次讲演》明志，1946年在昆明遇刺，用生命践行"拍案而起"的誓言。其诗歌的炽热家国情怀与学术的严谨风骨，铸就民族精魂的丰碑。

闻一多：红烛燃尽照民主

1946年7月15日，在云南大学至公堂内，上千人屏息凝神。当闻一多拍案而起，用嘶哑的嗓音喊出"我们随时准备像李（公朴）先生一样，前脚跨出大门，后脚就不准备再跨进大门"时，这支燃烧的"红烛"正以最炽烈的姿态照亮中国民主的暗夜。4小时后，他倒在国民党特务的枪口下，用生命践行了"诗人天赋是爱，爱他的祖国，爱他的人民"的誓言。

书香门第走出的赤子

1899年11月24日，湖北浠水县巴河镇闻家铺的深宅大院里，一个婴儿的啼哭划破寒夜。这个被父亲取名"家骅"的男孩，自幼在《汉书》《史记》的墨香中成长。5岁入私塾时，他已能背诵整篇《滕王阁序》；10岁在武昌两湖师范附小读书，他因痛斥洋教士欺压中国学生，被校长赞为"有荆轲之风"。

1912年，13岁的闻一多以湖北第2名的成绩考入清华留美预备学校。在清华园的10年里，他曾是《清华周刊》的总编辑，还曾是新剧社的台柱子。1919年五四运动爆发，当父亲催促他返乡度假时，他在家书中写道："男在此为国作事，非谓有男国即不亡，乃国家育养学生，岁糜巨万，一旦有事，学生尚不出力，更待谁人？"这封被后世称为"清华第一书"的家书，字字泣血，展现出一个少年将个人命运与国家存亡紧密相连的担当。

1923年,他在美国科罗拉多大学的宿舍里,用蘸着煤油的钢笔写下《红烛》序诗:"红烛啊!这样红的烛!诗人啊!吐出你的心来比比,可是一般颜色?"这首诗后来成为他毕生精神的写照——以血肉之躯为炬,照亮民族前行的道路。

诗笔为剑刺破黑暗

1925年归国后,闻一多目睹军阀混战、列强欺凌的社会现实,悲愤交加,诗风陡然一变。在《死水》中,他以"这是一沟绝望的死水,清风吹不起半点漪沦"控诉社会的腐朽;在《发现》中,他发出"我追问青天,逼迫八面的风"的呐喊。最震撼人心的,莫过于1925年创作的《七子之歌》:"你可知妈港不是我的真名姓?我离开你的襁褓太久了,母亲!"当1999年澳门回归时,这首被谱成歌曲的诗篇,让亿万中国人泪湿衣襟。

作为学者,闻一多在清华园的陋室中,用几年时间完成《唐诗杂论》。他考证李白出生地、辨析杜甫年谱,甚至为研究《楚辞》自费购置甲骨文拓片。学生臧克家回忆:"先生伏案写作时,常将煤油灯芯挑到最长,火苗蹿起半尺高,映得满室通明。"这种"焚膏继晷"的精神,让他在古典文学研究领域留下300万字专著,郭沫若叹为"前无古人,后无来者"。

西南联大燃起民主烽火

1937年卢沟桥事变后,闻一多随清华大学南迁至昆明。在简陋的教室里,他给学生讲《楚辞》,突然暴雨倾盆,铁皮屋顶叮当作响。他索性在黑板上写下"静听雨声，体味国殇"，将《九歌》中的家国情怀与现实苦难关联。学生们后来回忆："那堂课，我们听到的不仅是屈子的悲歌，更是先生心中的雷鸣。"

1943年，当蒋介石发表《中国之命运》宣扬独裁时，闻一多在西南联合大学的课堂上痛斥："这是向'五四'精神宣战！"他开始秘密阅读毛泽东的《新民主主义论》，并在日记中写道："我终于明白，救中国不能靠改良，必须彻底革命。"1944年，他加入民盟，次年当选中央执行委员，主编《民主周刊》，走上职业革命家道路。

1945年"一二·一"惨案发生后，闻一多亲自为死难学生书写挽联"民不畏死，奈何以死惧之"。出殡时，他拄着手杖走在游行队伍前列。他撰写了《一二·一运动始末记》，揭露惨案真相，号召"未死的战士们，踏着四烈士的血迹"继续战斗。

最后一次讲演震山河

1946年7月11日，民盟中央委员李公朴在昆明被暗杀。闻一多当即通电全国，控诉反动派的罪行。他为《学生报》的《李公朴先生死难专号》题词："反动派！你看见一个倒下去，可也看得见千百个继起来！"

7月15日，李公朴追悼会上，主持人出于安全考虑未安排他发言，但他毫无畏惧，拍案而起，慷慨激昂地发表演讲，痛斥国民党特务，并握拳宣誓："我们有这个信心，人民的力量是要胜利的，真理是永远存在的……""我们不怕死，我们有牺牲精神，我们随时准备像李先生一样，前脚跨出大门，后脚就不准备再跨进大门！"闻一多讲出了愤怒的人们心里最想说的话。

当天下午，他主持《民主周刊》记者招待会，进一步揭露暗杀事件的真相。散会后，闻一多在返家途中，突遭国民党特务伏击，身中十余弹，为建立新中国洒尽了最后一滴血。

红烛精神永照人间

闻一多遇难后，昆明万人空巷送葬。灵柩所过之处，商户自动停业，学生跪地痛哭。毛泽东在延安得知消息后，挥毫写道："闻一多拍案而起，横眉怒对国民党的手枪，宁可倒下去，不愿屈服……他们表现了我们民族的英雄气概。"

在闻一多的故乡湖北浠水，人们将他的故居改建为纪念馆。展柜里陈列着他用过的煤油灯、写满批注的《楚辞》线装书……每年清明，总有学子在馆前朗诵《红烛》："红烛啊！既制了，便烧着！烧罢！烧罢！烧破世人的梦，烧沸世人的血——也救出他们的灵魂，也捣破他们的监狱！"

如今，在清华大学闻一多像前，在西南联大旧址，在澳门《七子之歌》的旋律中，人们依然能感受到那支红烛的余温。它照亮过甲午海战的硝烟，点燃过五四运动的火炬，最终在民主中国的黎明前化作朝霞。这支燃烧了近半个世纪的红烛，永远定格在中国知识分子的精神星空，成为心有大我、至诚报国的永恒丰碑。

一个好的教师,必须具备一定的科研能力,要用科研中积累的经验来丰富教学内容。

——马知恩

教育家小传

马知恩

1935年出生于山东济南

西安交通大学教授、高等数学教育名家。长期致力于常微分方程研究与数学教学改革,主编《工科数学分析基础》等经典教材,惠及数代学子。首倡"基础课教师也要搞科研",推动教学与科研相长。获国家级教学成果奖、国家级教学名师等荣誉,为我国数学基础教育发展做出卓越贡献。

马知恩：西迁路上的数学摆渡人

1956年的上海徐家汇火车站，21岁的马知恩攥着一张泛黄的火车票，票面印着"向科学进军 建设大西北"的红色字样。这位刚从复旦大学数学系毕业的青年，在《歌唱祖国》的旋律中登上"交大支援大西北专列"。当火车驶过黄河铁桥，窗外黄土高原的沟壑映入眼帘时，他或许未曾想到，这趟列车将载着他驶向跨越60余年的教育传奇。

用青春丈量家国距离

1955年，交通大学西迁的指令如惊雷般震动校园。时任校长彭康在动员大会上挥动着手臂："国家需要交大在大西北建立科学堡垒！"马知恩清晰记得，当周恩来总理特批的迁校文件传达到数学系时，教授们围坐在煤油灯下彻夜讨论。钟兆琳教授说道："不把西北开发建设起来，中国就没有真正的繁荣！"这位年过五旬的电机学泰斗，安顿好妻女后，孤身一人踏上西行列车。

初到西安，马知恩遭遇了人生最严峻的考验。黄土高原的寒风穿透单薄的工棚，水土不服引发的持续高烧让他卧床月余。但当得知数学系仅有的3位教师中2人病倒时，他强撑病体站上讲台。第一次授课面对210名饥渴求知的学生，这个南方青年用带着江浙口音的普通话，将微积分的奥秘娓娓道来。课后，他在教案本上写道："课讲得不好，食不甘味。"

这种近乎苛刻的自我要求，贯穿了马知恩 60 余年的教学生涯。他独创的"精讲讨论式"教学法，将 40% 课时用于核心概念剖析，剩余时间引导学生自主探究。在讲授"工科数学分析"时，他带领学生用 3 个月推导牛顿 – 莱布尼茨公式的 12 种证明方法，培养出一批具有创新思维的数学人才。

以匠心雕琢数学之美

2021 年深秋，西安交通大学数学楼 304 教室，86 岁的马知恩正在讲解"常微分方程"。他忽然停止讲解，转身在黑板上画出一幅函数图像："同学们看，这个解曲线像不像黄河九曲十八弯？"教室里响起同学们会心的笑声。这种将抽象理论与生活意象结合的教学智慧，让他的课堂始终座无虚席。

在教材编写领域，马知恩展现出惊人的学术创造力。他主编的《工科数学分析基础》历经 4 次修订，累计发行超百万册。2023 年第 4 版修订时，年近九旬的他坚持逐字推敲，还运用 AI 语音转写技术辅助校对。当编辑劝他休息时，他指着书稿中的一道例题说："这个航天器轨道计算模型，可能影响未来十年工程师的培养。"

2003 年春，68 岁的马知恩带领团队昼夜奋战，建立传染病动力学模型，预测疫情发展趋势。当他们的成果被国家疾控中心采纳时，实验室里的泡面包装袋已堆成小山。这种"数学报国"的情怀，早在 1988 年就有生动体现——那年他推动国内首届国际生物数学会议召开，让中国学者登上世界舞台。

让西迁精神照亮未来

2018年的新年贺词中，习近平总书记特别提到西安交大西迁老教授群体。当马知恩在电视前听到"幸福都是奋斗出来的"时，眼眶湿润了。他连夜给习近平总书记写信，建议在新时代知识分子中弘扬"爱国奋斗精神"。这封承载着西迁人赤子之心的信件，很快得到中央批示。

作为西安交通大学教师教学发展中心首任主任，马知恩开创了"青教赛—名师工作坊—教学督导"三位一体的培养体系。他设计"教学病历本"制度，要求青年教师记录每堂课的得失，定期接受"教学会诊"。在2024年举办的全国高校青年教师教学竞赛中，西安交通大学代表队斩获3项一等奖，获奖教师们不约而同地提到："马老师的教案批注，比我们的论文修改意见还要细致。"

这种代际传承的智慧，在马知恩名师工作室得到生动展现。工作室成员将社会主义核心价值观融入数学教材，在"定积分应用"章节引入港珠澳大桥建设案例，在"矩阵分析"课程中解析北斗导航系统算法。当学生问及为何如此设计时，马知恩的回答掷地有声："数学教育不仅要培养解题高手，更要塑造胸怀天下的建设者。"

以数学之名报效家国

这位见证了中国数学从跟跑到并跑的老人，依然保持着自己独特的"工作仪式"：每天早晨5点起床，先在校园里快走一圈，观察年轻学子的学习状态。他说："看到学生们在梧桐树下讨论数学题，就像看到当年的自己。"2023年，他捐出毕生积蓄设立"知恩奖教金"，奖励在基础课教学中表现突出的教师。

2017年，"马知恩名师工作室"成立，他带领团队修订《工科数学分析基础》，将社会主义核心价值观融入例题，让教材成为"铸魂育人"的载体。2021年，86岁的马知恩在《中国大学教学》发表论文，系统总结教学基本功。他在退休后仍坚持每周为青年教师做培训，还学会用语音转文字工具辅助撰写教材。

从黄浦江畔到渭水之滨，马知恩用一生诠释了"心有大我、至诚报国"的深刻内涵。他的故事，不仅是个人学术生涯的史诗，更是一部知识分子与国家命运同频共振的壮丽诗篇。当未来的数学家们回望这段历史时，必将看到：在中华民族伟大复兴的征程上，永远矗立着一位数学摆渡人的身影，他手持真理的罗盘，引领着一代代青年驶向科学的星辰大海。

> 人生如热能转换，需不断汲取新知，方能释放更大能量。
>
> ——陈学俊

教育家小传

陈学俊

1919—2017

安徽省滁州人

热能工程学家、中国科学院院士。他开创中国热工学科体系，奠基多相流研究领域，突破锅炉设计理论并应用于工业实践。在西安交通大学执教60余年，培育能源领域英才数千，为推动工程教育发展做出突出贡献。专著《锅炉原理》奠定行业基石，"工程救国"理念贯穿生涯，科研教育双擎驱动，誉满学界业界。

陈学俊：西迁赤子践国需

在时代的长河中，总有一些人如璀璨星辰，以坚定的信念和无私的奉献，照亮人们前行的道路。陈学俊，这位中国科学院院士、热能动力工程学家，便是这样一位将个人命运与国家需求紧密相连的杰出人物，他以西迁赤子的身份，用一生践行着"工程救国、科学报国"的理想。

求学立志，心怀报国宏愿

1919 年，陈学俊出生于安徽滁县（今滁州）。成长于动荡年代的他，目睹了国土沦陷、同胞受难的惨状，内心深处早早便种下了为国家富强而奋斗的种子。1937 年，16 岁的他高中毕业，深感中国要强大不受欺凌就必须发展工业，于是毅然报考了中央大学机械系，从此踏上了为实现工业强国梦而求知的征程。

"争名利，无意义，学工程，有志气，为人民，谋福利，为社会，求进取……我们大家一致把心齐，爱团体，我们永远为中国工程事业奋斗到底！"这是陈学俊创作的《工程师进行曲》。这一曲矢志报国的拳拳之音，他倾尽毕生心血来吟诵演绎。

1941 年，22 岁的他在第十届中国工程师学会年会上发表了国内最早关于锅炉制造方面的论文，他更加坚定了终身为动力工业服务的信念。不久，他远渡重洋，进入有"锅炉制造者"美誉的美国普渡大学研究院深造，仅用 10 个月就完成硕士课程，获得机械工程硕士学位。面对高薪挽留，他毫不留恋，怀着赤子之心毅然回到祖国，决心用所学先进科学技术助力我国动力工业起步。

结缘交大，倾心培育英才

回国后，陈学俊被聘为交通大学机械系兼职教授，开启了与交大近七十年的深厚情缘。中华人民共和国成立前夕，面对家人劝他去台湾团聚的提议，他经过冷静思考，最终选择跟着共产党的脚步，留在上海迎接解放。他坚信"党的阳光照耀了我的心，感到无比幸福"。

陈学俊与妻子袁旦庆一同到交通大学任职。当时学校授课常用外国教材，陈学俊认为中国大学必须有自己的中文教材。于是，他编写了中国第一本燃气轮机教材《燃气轮机》，之后还陆续编写多部专著，翻译大量专业书籍，为新中国培养动力类专业高级人才提供了丰富的教材资源。

1952年，陈学俊负责筹建我国第一个锅炉专业，多年的愿

青年陈学俊在备课

望终于实现。他不仅在教学上兢兢业业,还经常到锅炉厂作学术报告、为技术人员讲课。他主持解决了上海南市发电厂次高压直流锅炉的严重脉动问题,参加国产第一台 12.5 万千瓦及 30 万千瓦直流锅炉的试验运行,为我国的锅炉工业发展做出了重要贡献。

听党指挥,西迁扎根西北

1955 年,为适应新中国大规模工业建设需要,交通大学准备内迁至西安。陈学俊坚决拥护这一决定,在工会代表大会上讲明迁校的正确性和重要意义,并与动力机械系总支书记李敬轩、系主任朱麟五极力主张动力机械系全迁西安。

1957 年,陈学俊与夫人袁旦庆带着 4 个孩子从上海搭乘西迁专列来到西安。临行前,他们将位于上海黄金地段的房产无偿捐赠给上海市政府,注销了上海的户口,以实际行动表明扎根西北的决心。来到西安后,一家人过着艰苦朴素的生活,但他从未停止前进的步伐。

1950 年陈学俊全家在交通大学校园草坪上合影

20世纪50年代末,陈学俊开始汽液两相流动与传热的研究,在国内首先倡导发展超临界压力机组,主持60万千瓦超临界压力机组初始参数选择的研究,并开始筹建高压试验台。20世纪60年代,他在国际上首先发现"液膜倒置"现象,提出"液膜影响区"新概念,极大地促进了我国能源与动力工业的发展。在他的主持下,西安交通大学相继组建了我国高校中第一个工程热物理研究所、国内第一个超临界高压试验台、动力工程多相流国家重点实验室。

教书育人,桃李芬芳满园

陈学俊常言,教育科技工作者要"立大志攀登科学高峰,树雄心提高教育质量"。从教几十年,他亲授学生2500多人,其中绝大多数成为我国动力工业领域的骨干力量,不少人成为有重要贡献的专家、教授,多名学生相继当选为中国科学院院士和中国工程院院士。

他经常以亲身经历教育学生,鼓励他们要有理想、有志气、勤奋学习、勇于创新,为我国社会主义建设做贡献。在他的感

陈学俊的课堂

召下,他指导毕业的博士绝大部分安心留在国内工作,出国进修的博士后也都如期回国。

1980年,陈学俊当选中国科学院学部委员(院士),并出任西安交通大学副校长。他大力提倡向国际先进科学技术学习,提高教育质量,率领西安交大代表团赴瑞士签订合作协议,与美国迈阿密大学清洁能源研究所建立科研合作关系,组织西安交大第一个国际学术会议。

除了关注教学质量和学生发展,陈学俊还捐资奖励学子,关心贫困山区失学儿童及少年。1996年,他获得何梁何利基金科学与技术进步奖,将10万元奖金分别捐赠给安康希望工程和西安交通大学(用于设立研究生奖学金)。此后,他又在学院内设"陈学俊优秀奖学金",在交通大学120周年校庆之际再次向学校捐款20万元。

陈学俊先生用一生践行"工程救国、科学报国"的理想,诠释了"以爱国主义为核心,以听党指挥跟党走为精髓"的西迁精神。他的事迹激励着一代代交大人秉持先贤遗志,扎根西部,为国家发展矢志不渝、勇毅前行。在新时代的征程中,陈学俊先生的精神将如璀璨星辰,照亮我们前行的道路,引领我们为实现中华民族伟大复兴的中国梦而努力奋斗。

若能做一朵小小的浪花奔腾，呼啸加入献身者的滚滚洪流中推动历史向前发展，才是一生中最值得骄傲和自豪的事情。

——黄大年

教育家小传

黄大年

1958—2017

广西南宁人

地球物理学家、吉林大学教授。留英十多年成为国际著名航磁探测专家，2009年毅然归国，带领团队突破深部探测技术瓶颈，填补我国"巡天探地潜海"领域多项空白。身患重病仍每天工作至凌晨，推动中国"深部探测"专项跃居国际前列，被誉为"科研疯子""战略科学家"。

黄大年：地质报国探深地

在吉林大学地质宫前，一对石狮见证了新中国地质事业几十年的风雨历程，也见证了一位国际知名学者——黄大年，以赤子之心报效祖国的壮丽人生。

地质梦想，萌芽于成长岁月

黄大年出生于广西南宁，父母都是老一辈知识分子。父亲常给他讲述钱学森、邓稼先、李四光等科学家的故事，这些故事在他幼小的心灵里播下了科学报国的种子。1966年，8岁的黄大年随父母下放到桂东南的一个小山村。艰苦的生活磨砺了他的意志，漂泊的日子让他学会了适应环境、倔强成长。

高中毕业时，当地地质队招聘航空物探操作员，17岁的黄大年凭借机敏的反应和优秀的成绩脱颖而出。当他第一次从飞机上俯瞰广袤大地时，对祖国河山质朴的爱深深植入心田，地质梦就此拉开序幕。

1977年恢复高考，黄大年迎来了命运的转折点。他欣喜若狂地拿起书本，踏上高考征程，最终以优异成绩考入长春地质学院应用地球物理系（现吉林大学地球探测科学与技术学院）。在地质宫，他如饥似渴地汲取知识，几乎天天泡在阅览室，一本厚厚的弗拉基米诺夫数学物理方程习题集，他做了一遍又一遍。凭借聪明与刻苦，他连续获得"三好学生"和标兵表现奖。

课堂上,他认真聆听;图书馆里,他聚精会神;舞台上,他一展歌喉;足球场上,他挥汗如雨。

毕业时,他在留念册上写下豪言:"振兴中华,乃我辈之责!"一颗中国梦的种子,此时已悄然发芽。

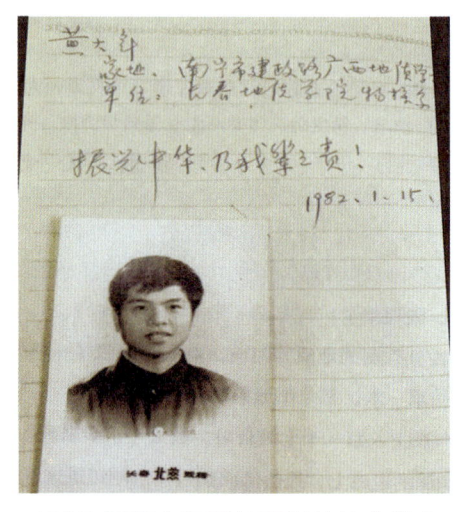

1982年黄大年写给同学的毕业赠言

海外深造,心系祖国未忘本

1992年,黄大年通过"中英友好奖学金项目"赴英国利兹大学攻读博士学位。临行前,他豪情万丈:"我一定会把国外的先进技术带回来!"在英国,他刻苦学习,以排名第一的成绩获得博士学位,成为该系获评优秀学生中唯一的海外学生。

博士毕业后,黄大年回到母校任教,但很快意识到国外在航空地球物理方面的研究日新月异,唯恐落下追赶的脚步。于是,他再次前往英国,在ARKeX公司担任高级研究员和研发部主任,带领团队从事海洋和航空移动平台探测方法、技术和装备的研发。这项技术是当今世界科技竞争的制高点,黄大年成为国际著名航空地球物理探测技术专家。

然而,尽管事业有成、生活安逸,黄大年心中始终有一团熔岩渴望爆发、渴望奔涌,渴望将这份光与热奉献给祖国。2004年和2006年,父母相继离世,临终前都深情地对他说:

"你可以不孝，但不可不忠，你是有祖国的人！"这句话深深烙印在黄大年的心中。

毅然回国，投身深地探测潮

2009年，中国实施"千人计划"，鼓励、吸引海外高层次留学人才回国工作。听到母校的召唤，黄大年毫不犹豫地表示："作为高端科技人员应该在果实累累的时候回来更好，而我现在正是最有价值的时候，应该带着经验、技术、想法和追求回去，实现报国梦想。"

尽管科研团队再三挽留，但黄大年归心似箭。2009年12月24日，黄大年毅然登上回国的航班。6天后，他与吉林大学正式签下全职教授合同，成为东北地区第一个国家"千人计划"专家。

回国后，黄大年被委以重任，作为"深部探测关键仪器装备研制与实验"的首席科学家，他以吉林大学为中心，组织全国优秀科研人员数百人，开启深地探测关键装备攻关研究。他致力攻关的"航空重力梯度仪"，就像给地球做CT，能洞穿地下每一个角落。但西方对中国实行最为严格的禁运和封锁，黄大年深知，要想叩开"地球之门"，必须靠中国人自己。

教书育人，桃李芬芳满园香

黄大年不仅是一位战略科学家，更是一位目光高远的教育家。他认为中国正努力从科技大国向科技强国迈进，需要几代

黄大年带领学生做科研

人去完成，培养优秀人才至关重要。

他担任"李四光实验班"班主任，自费为班里学生每人买一台笔记本电脑，希望学生用现代化的信息搜索手段追求先进理念。他常对学生说："一定要出去，出去了一定要回来；一定要出息，出息了一定要报国。"他激励学生树立远大理想、厚植家国情怀，以发达国家一流大学的学生为对手。

黄大年因材施教，精心雕琢每一个学生。他的办公桌旁有两张椅子、两台电脑，专门为学生准备，方便讨论。他办公室的窗户无论冬夏都开一条缝，他说"思考需要氧气"。他还为学生开辟了"茶思屋"，让学生在休闲中打开"脑洞"。

在学生心里，黄大年既是严师又是慈父。他怕学生节假日想家，就邀请学生去家里做客；他抽屉里永远预备着感冒冲剂，以备学生感冒之用；听说学生父母腰有病痛，就托人从国外带回药片。他希望带出一批像样的年轻人，在地球物理研究的国际舞台上站得住脚、有话语权，让中国的脊梁挺起来。

鞠躬尽瘁，死而后已

黄大年像陀螺一样不知疲倦地旋转，把大部分时间和精力都扑在了工作上。他超过三分之一的时间在出差，总是订夜航班，在飞机上入眠。然而，长期的劳累让他的身体不堪重负。

2016年11月28日晚，北京飞往成都的航班上，黄大年捂着腹部，额头渗出冷汗。晕厥前，他叫来空姐："我要是不行了，请把我的电脑交给国家，里面的研究资料很重要。"躺在救护车里，他怀里还死死地抱着电脑。然而就在飞机落地后，还没等医生完成急救，黄大年又含着速效救心丸，奔赴会议中心。

回到长春，黄大年被强制做了体检。等结果的那两天，他又去北京出了趟差。

这次晕倒，揭开了胆管癌的真相。医生要求他立即住院。他却把病房变成办公室：床头堆满文献，吊瓶架挂着待批的报告。2017年1月8日，黄大年永远闭上了眼睛。

黄大年走了，但他心有大我、至诚报国的精神将永远激励着后人。他像一朵洁白的浪花，奔腾着抵达理想的彼岸；他像炽热的熔岩，冲出地壳，奔涌燃烧，光芒四射直至生命的最后一刻。

第二篇

言为士则　行为世范

言为士则，行为世范。
从旧中国的平民教育运动，
到新中国一次次的突破和变革，
无数教师秉承着这句流传千年的古训，
以身作则，率先垂范，让教育家精神薪火相传。

每一位教师在平凡岗位上的精神展现,紧密联系着国家和民族的前途命运,汇聚成推动中华民族伟大复兴的强大精神纽带。

扫码观看

教育报国的三座丰碑

精神提炼 ‖ 以教育为刀斧,劈开民族觉醒之路

位于南京郊外老山燕子矶的晓庄,原本是一个默默无闻的地方,自从1927年开始,这里成为中国教育史上一处熠熠生辉的所在。这一年的3月15日,中国第一所乡村试验学校——晓庄试验乡村师范学校正式开学。它的创办者陶行知先生把老山改名劳山,把小庄改名晓庄,告诉世人,这所学校是为了劳苦大众的教育,是拂晓的晨光,是中国的希望。

陶行知亲自设计的晓庄师范学校校旗 100颗星代表征集100万位同志,倡办100万所学校,改造100万个乡村

1917年从美国留学回国时的陶行知

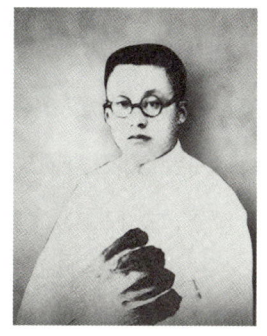

晓庄师范时期的陶行知

陶行知出生在安徽的一个贫寒之家,23岁考入美国哥伦比亚大学,师从世界著名教育家约翰·杜威。1917年,陶行知婉言谢绝了杜威教授留美任教的邀请,辞别美国的师友,踏上了归国之路。

回国之后,陶行知先后担任多所大学的教授、校长职务。然而,在对中国乡村和城市做了大量走访调研之后,他却辞去了这些待遇优厚的工作,加入了平民教育运动的行列中。

面对当时的社会现状,陶行知振聋发聩地说,中国以农立国,人们十之八九生活在乡下,所以中国的教育就是到农村去的教育,就是到乡下去的教育,因为农村如果没有改观,国家就没有希望。正是看到了这样的现实,陶行知把目光投向了中国的乡村教育。

1919年5月,陶行知、胡适陪同杜威夫妇参观申报馆时留影

> **南京晓庄学院陶行知纪念馆馆长　何文秋**
>
> 陶行知先生出身乡村,他懂得农人的甘苦,所以他认为要想改造中国社会、改造中国教育,关键就是乡村的改造、乡村面貌的改造。乡村学校要成为中心,就必须依托乡村教师,让乡村教师来点燃乡村教育的篝火。

从封建的旧教育培养"人上人",到新教育中培养"人中人",陶行知开启了一场伟大的教育变革。

> **南京晓庄学院党委书记　张策华**
>
> 他有三条核心要义——生活即教育,社会即学校,教学做合一。

"教、学、做合一。"当年陶行知亲自拟定晓庄师范的校训。根据这条校训,他为乡村师范生确立了五项培养目标,这就是农夫的身手、科学的头脑、改造社会的精神、健康的体魄、艺术的兴趣。这就是德智体美劳的雏形。家国天下,这是许多伟大教育家的共同情怀和抱负,陶行知也是其中身体力行的实践者。

中华教育改进社旧址

1929年,他在淮安为安徽籍贫困子弟创办了新安小学。作为这所学校的第二任校长,陶行知的学生汪达之在时局最艰难的时刻,组建了由新安小学7名学生组成的新安旅行团,实践陶行知的生活教育学说,一路宣传抗日救国思想。

2021年"六一"儿童节,习近平总书记在给新安小学的回信中指出,当年,在党的关怀和领导下,"新安旅行团"不怕艰苦,足迹遍及大半个中国,以文艺为武器唤起民众抗日救亡,宣传党的主张,展现了爱国奋进的精神面貌。

当时已经被反动政府通缉的陶行知,用自己母亲的500大洋人寿保险金,为这个旅行团购买了一套无声电影放映设备,让他们成为中国历史上第一支无声电影放映队,在宣传抗日救国的研学途中发挥了重要作用。早在新安小学成立之初,陶行知就曾经在给自己学生们的信中抒发了自己的家国情怀。

> **南京晓庄学院陶行知纪念馆馆长　何文秋**
>
> 陶行知先生留下了很多教育名言,其中最著名的就是"捧着一颗心来,不带半根草去"。它的内涵就是对待教育事业、对待学生,我们要努力做到付出所有而不求回报。

新安旅行团

捧来一颗拳拳之心，不愿带去半根青草。陶行知一生致力于教育报国，也因自己言行合一的表现成为青年人的表率。1946年，当陶行知因病辞世的时候，南京城许多民众前往送别，宋庆龄更是为他亲笔题词"万世师表"。吴玉章在四川为陶行知举办的追悼会上说："陶先生的教育方式和精神是值得我们佩服的，他不仅教会人做人，而且教会人怎样去改造社会、改造中国，甚至改造全世界。陶先生未完成的事业，我们应该完成。"

宋庆龄题词

教育报国、改造社会，是铭刻在陶行知和吴玉章两位教育家身上的历史烙印。

早在1916年，吴玉章就和蔡元培等人成立华法教育会，帮助大批青年留法勤工俭学，其中大多数人走上了革命道路。

1949年12月16日，新中国兴办的第一所大学——中国人民大学开始筹办。1950年2月，72岁的吴玉章接到了由毛泽东亲自签署的校长任命通知书。在接受这项任命之前，吴玉章谢绝了中央政府的行政职务。

1913年5月30日第二批第三班俭学生赴法前合影

1919年6月北京华法教育会欢送即将赴法勤工俭学生的合影

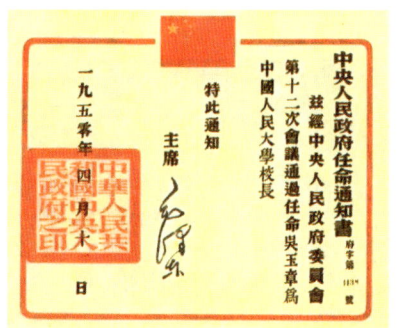

毛泽东签署的校长任命通知书

> **吴玉章孙女　吴立本**
>
> 解放以后,他本来确实是可以继续在党中央工作的,总理找他谈过,但是他拒绝了。中华人民共和国成立以后,他主要就是搞教育和文字改革,让更多的劳动大众容易接受教育。

中华人民共和国成立伊始,被誉为"延安五老"之一的吴玉章,就把自己的全部精力投入到了国家的教育事业中。在他的领导下,中国人民大学仅仅用了一年时间,就构建了比较完整的教学体系,迎来了开学典礼。

中国第一个新型的正规大学——中国人民大学,1950年10月3日在北京举行了隆重的开学典礼。吴玉章校长提出中国人民大学所培养的学生,都要用马克思列宁主义、毛泽东思想武装起来,成为能掌握最新科学而有成就的专家。

> **中国人民大学校史馆专家**
> **《吴玉章全集》编者　王学军**
>
> 当时刘少奇有一句经典的话,就是"今后中国的大学都要按照中国人民大学的样子办"。这句话实际上是很响亮的一句话,是我们党对中国人民大学办学的自信,也是对吴玉章老校长的信任。

吴玉章在中国人民大学开学典礼上讲话

"立学为民，治学报国"，这是吴玉章为中国人民大学确立的办学精神，开创了坚持教育为国家建设服务，实现高等教育向工农开门的教育新格局，实现了旧中国高等教育向新型人民教育的转型。

吴玉章不顾自己年事已高，屡屡登上讲台为学生们传授知识。

> **中国人民大学校史馆专家**
> **《吴玉章全集》编者　王学军**
>
> 吴老88岁还在给历史系的同学讲课。可能很多人有误会，88岁了还上讲堂，当然今天来看不算什么，但在他那个时代，一个人的身体能够撑到这个样子，确实很难。

对于吴玉章制定的很多规章制度，在校师生都严格执行，这来源于老校长率先垂范、以身作则的榜样力量。

> **中国人民大学校史馆专家**
> **《吴玉章全集》编者　王学军**
>
> 　　他有车，但是这个车从来不让孩子们坐。后来这个车越开越旧了，周总理就觉得应该给吴老换个车，但吴老不同意，说"我那个车挺好"。后来中央执意要给他换一辆，就直接给他派了一笔经费，吴老就把这笔钱拿出来买了一辆班车。从那以后，中国人民大学就有了自己的班车。

　　毛泽东主席在为吴玉章庆祝 60 岁生日时，对这位教育家做过这样的评价："一个人做点好事并不难，难的是一辈子做好事，不做坏事，一贯地有益于广大群众，一贯地有益于青年，一贯地有益于革命。"

　　从组织革命青年赴法勤工俭学，到担任延安大学和鲁迅艺术学院校长，到后来创办中国人民大学，吴玉章以革命者的爱国情怀，演绎了一位教育家以身作则、率先垂范的无悔人生。

　　"华北之大，已经安放不得一张平静的书桌了。"这是当年 22 岁的蒋南翔在"一二·九"运动中振聋发聩的呐喊。

　　17 年后的 1952 年，年届不惑的他怀抱坚定的教育理念回到了母校，提出了符合时代要求的"又红又专"的办学方针和育人目标。"红"是指政治方向端正，"专"是指业务水平、专业水平。在蒋南翔的治学思想中，"又红又专"才会行稳致远。在这一办学思想指引下，1953 年，一个名为"双肩挑"的政治辅导员制度出现在清华大学校园，成为新中国大学校园里的一次伟大实践。

> **清华大学校史研究馆原主任　田芊**
>
> 　　清华大学从高年级同学中挑选出一批品学兼优、工作能力比较强的同学，组成了学生思想工作的一支队伍。这些高年级的学生，他们不是专职的教师，而是一边学习一边工作，所以形象说叫"双肩挑"。这些"双肩挑"学生干部在清华学生思想工作中发挥了很好的作用。

　　蒋南翔重视学生知识、能力、素质培养的统一，把灌输知识比作给"面包"，把提高学生能力素质比作给"猎枪"，叮嘱教师"给面包管一时，给猎枪管一生"。

　　1960年，针对高校不重视体育锻炼的情况，蒋南翔提出"为祖国健康工作五十年"的口号，深刻影响着全国高校，而他自己也参与其中，和学生一起参加体育锻炼。

　　"正其身，修其德，学生多愿亲其师。终其事，精其业，学生自会信其道。"蒋南翔以润物无声的言传身教，使清华大学形成了崭新的教学气象，为培养新中国的高端人才注入了无限的能量。

> **中国教育学会学校文化研究分会理事长
> 国家督学　刘可钦**
>
> 　　行为世范是当一名好老师的思想自觉。要做好学生的引路人，我们老师首先要把好自己的方向盘，尤其在今天，社会发展日新月异，对我们老师也提出了更高的期待和要求。我们要用我们自觉的教育行为，将思想品德、行为、价值观蕴含在日常教学行为当中，以身作则，用言行感染他们，帮助他们获得成长。

三尺讲台书写教育兴邦的永恒答卷

精神提炼 ‖ 以爱为基,以创为翼,以国为志

1979年拍摄了一部教学电影,电影的主人公斯霞是南京师范大学附属小学的语文教师,她以亲切、灵活、机智的教学方式,被誉为"小学教育界的梅兰芳"。

她在20世纪50年代创造了"字不离词,词不离句,句不离文"的小学语文随课文分散识字教学法,大面积、高效率地提高了识字教学的质量。在斯霞老师的教学中,她没有把学生当作一只空口袋进行"填鸭式"的灌输,而是从孩子的心理出发,以启发和诱导为主,丰富学生的想象力和理解能力。这种从心出发的教学方式也让学校的很多老师受益匪浅。

> **南京师范大学附属小学语文教师　李菲**
>
> 有一次,我在教学中教"高低"中的"低"字。很多孩子在默写这个字的时候,容易把最后的点漏掉。我很苦恼,就赶紧向斯老师请教,她说可以借助"高"这个字来记忆,"高"和"低"都有点,"高"的这一点在高处,"低"的这一点在低处。她边说还边用手比画着。我听后欣喜若狂,下午赶紧就把这个方法教给了孩子,结果到第二天听写的时候,果然没有一个孩子写错。

在教学上以童心出发,为学生们获得知识搭建五彩桥梁;在生活中以母爱为本,为孩子们的安全生活保驾护航。这就是斯霞老师作为一位教书育人者的大美情操。

斯霞与学生在一起

当年学校门口的一块洼地，在下大雨时容易形成积水，甚至会没过学生的膝盖，这对于七八岁的小学生来说是一个不小的障碍。于是，每逢下雨天，斯霞就早早站在校门口，把孩子们一个个背过来，放学了又一个个背过去，看着他们安全地离去，坚持了许多年。从教68年间，斯霞把"终身许给少年儿童"，在她的墓碑上镌刻的"我为一辈子当小学教师感到自豪"的心声，激励着无数年轻教师在育人之路上无畏前行。

南京城里，斯霞老师以爱为灯，照亮一个个学生前进的路；皇城根下，霍懋征老师树爱为碑，让更多孩子感受到了教育的光芒。

霍懋征

在北京实验二小的校园里，霍懋征的故事总在老师们的口中传颂着。

> **北京第二实验小学党委书记　黄利华**
>
> 比如对于家庭困难的孩子，她就给孩子买球鞋，让孩子穿着球鞋在运动场上飞驰。比如有的孩子的家长要下乡，不能陪在孩子身边，霍懋征老先生就毅然决然地把孩子留在自己身边，让这个孩子成为自己家庭的一员。

"没有爱就没有教育"，这是霍懋征挂在嘴上也写进心里的一句话。从教60年来，她从没有放弃一个孩子。担任几十年班主任，霍懋征对不同出身的学生绝无偏爱或歧视，只是更关心基础较差的学生和贫困学生。

霍懋征辅导学生学习

斯霞利用幻灯片教学生识字

斯霞和霍懋征一南一北——"南斯北霍"，都诠释了社会主义教育的核心理念，那就是以爱育人、笃行不息。她们的一言一行，不仅浸润了对教育的深情、对学生的大爱，也为后来许多年轻教师做出了示范和表率，让这种大爱得以不断传递。

教坛躬耕的育人明灯

精神提炼 ‖ 自修精进担使命，立德塑魂育贤才

1977年10月，上海的很多男女老幼聚集在电视机前，观看由特级教师于漪讲授的公开课《海燕》。

当年已经48岁的于漪，1951年毕业于复旦大学教育系。她从事语文教学的经历可谓一波三折。

> **上海市杨浦高级中学名誉校长　于漪**
>
> 当时组织上叫我教语文，因为我不是大学中文系毕业的，我改教语文的时候，我连汉语拼音方案都不会。我就从字、词、句、篇学起，把大学中文系开设的课程进行自修。我一般都是这样安排，晚上9点以前工作，9点以后进修。每天到半夜1点钟，真的就是明灯伴我过半夜。5点钟我又起来了。

就这样，通过自己的钻研，于漪很快成为一名优秀的语文教师。1985年，于漪担任上海市第二师范学校校长。面对教学设施破旧、管理落后等难题，于漪确立了三个办学制高点。

认真工作的于漪

> 上海市教师教育学院于漪教育学思想研究部
> 副部长　兰保民
>
> 这三个制高点就是：第一要站在时代的高度，第二要站在战略的高度，第三要站在与基础教育发达国家竞争的高度。从这三个高度去思考我们育人的大目标。她明确地提出了"二师"的校训：一身正气，为人师表。

"一身正气，为人师表"，这是于漪为上海第二师范学校确立的校训。曾经默默无闻的上海第二师范学校成为中国的优秀师范学校之一。如今上海市有超过三分之一的优秀教师、特级教师都是"二师"毕业的，形成了教育界瞩目的"二师现象"。

在于漪心中，语文课程不仅要让学生理解和运用语言文字，还要建设他们的心灵家园，塑造他们的灵魂。这也是于漪一直倡导的教育思想。在于漪这种教育思想的推动下，教学的人文性成为全国语文课程标准的重要组成部分。

于漪和学生们在一起

> **上海市教师教育学院于漪教育学思想研究部**
> **副部长　兰保民**
>
> 推动人文性写进中小学语文课程标准，是于漪老师对现代语文的一个非常重要的学术贡献。她自始至终认为教育就是培养人，而语文学科就充分体现了对学生的思想情感进行教育和熏陶的功能和价值。

70多年来，从改进课堂教学到总结教育理论，于漪与新中国教师职业发展融为一体，用实际行动彰显了"师者为师亦为范"的境界，成为教师的榜样。

> **上海市杨浦高级中学名誉校长　于漪**
>
> 什么叫上课？就是用生命歌唱，以自己对党对人民的一片真诚感染孩子。所以我的一个座右铭是"生命与使命同行"，我自己的生命与肩负的育人使命结伴同行。

2019年9月29日，北京人民大会堂，于漪获得国家首次颁授的"人民教育家"国家荣誉称号。这位用生命歌唱的教师，成为点亮他人的那束光。

于漪在人民大会堂

> **清华大学教育研究院院长　石中英**
>
> 从陶行知到蒋南翔,从斯霞到于漪,这些不同历史时期的教育家们,用自己的实际行动诠释了对教育理想信念的执着追求,对祖国教育事业的无限热爱,对教师职业精神的深刻理解,为新时代广大教育工作者践行教育家精神树立了光辉的典范。

言为士则、行为世范。从旧中国的平民教育运动,到新中国一次次的突破和变革,无数教师秉承着这句流传千年的古训,以身作则,率先垂范,让教育家精神薪火相传。

在中华民族的历史长河中,言为士则、行为世范的精神追求始终保持着核心价值。每一位教师在平凡岗位上的精神展现,紧密联系着国家和民族的前途命运,汇聚成推动中华民族伟大复兴的强大精神纽带。

千教万教,教人求真。千学万学,学做真人。

——陶行知

教育家小传

陶行知

1891—1946

安徽歙县人

人民教育家、思想家。早年求学于金陵大学,后赴美留学,师从杜威。回国后,投身教育实践,提出"生活即教育""社会即学校""教学做合一"等理念,创办晓庄师范等学校,推动平民教育发展。一生为乡村教育奔走,倡导"教学做合一",打破传统教育的桎梏。其教育思想影响深远,为中国教育现代化奠定了基础,被誉为"伟大的人民教育家"。

陶行知：知行合一耕教育

1946年7月25日，55岁的陶行知于上海逝世。这位被宋庆龄称为"万世师表"的教育家，用自己的双脚丈量了中国教育改革的崎岖道路，用"捧着一颗心来，不带半根草去"的赤诚，在旧中国的教育荒原上耕耘出希望的绿洲。

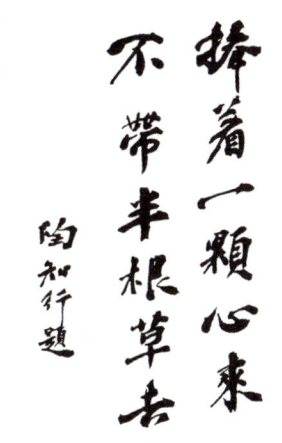

陶行知题词

金陵少年立报国志

1905年，年仅14岁的陶行知怀揣着报国之志考入崇一学堂，在墙壁上豪迈写下"我是一个中国人，要为中国作出一些贡献"，这行字如同一盏明灯，照亮了他此后的人生道路。

1910年，凭借教会资助，陶行知踏入金陵大学的校门。他勤奋刻苦，于1914年以文科总分第一名的优异成绩毕业，随后远渡重洋赴美留学。起初在伊利诺伊大学市政系学习，但为了追寻教育救国的理想，他毅然转入哥伦比亚大学师范学院，师从杜威、孟禄等教育界泰斗，先后斩获政治学和教育学硕士学位。面对导师杜威"教育即生活"的理念，陶行知并未全盘接受，而是深入思考如何让教育在中国这片广袤却贫瘠的土地上落地生根、开花结果。

晓庄灯火照山河

1917年秋，陶行知带着"教育救国"的理想回到上海。在南京高等师范学校任教期间，他首次将"教授法"改为"教学法"，强调"先生的责任不在教，而在教学，教学生学"。1923年，他辞去东南大学教授职务，开始推行平民教育。在南京燕子矶，他创办了第一个乡村幼稚园，用竹竿和芦席搭建教室，教农民识字算账。

1927年3月15日，南京北郊劳山脚下，晓庄试验乡村师范学校正式开学。开学典礼上，陶行知指着荒芜的山坡说："这里要建起中国的教育乌托邦！"他带领师生开荒种地，睡在牛棚，用扁担挑粪施肥。在给友人的信中，他写道："我们以青天为顶，大地为底，二十八宿为围墙，人类都是同学。"这种"生活即教育"的理念，让晓庄师范成为当时中国最独特的学府。

在晓庄，陶行知确立了乡村师范生的五项培养目标——农夫的身手、科学的头脑、改造社会的精神、健康的体魄和艺术的兴趣。学生不仅要学文化课，还要学种菜、养猪、做木工。1930年，当国民党政府查封晓庄师范时，学生们高唱着《锄头舞歌》离开校园，把教育的火种撒向全国。

战火中的教育长征

1939年夏，重庆歌乐山保育院的14名难童通过考核，成为陶行知创办的育才学校首届学生。这所诞生于抗战烽烟中的学校，在北碚北温泉小学举办了开学典礼，种下了"教育救国"

的火种。

陶行知以"生活教育"为核心理念,打破传统教育桎梏。普修课按学生文化程度分班,语文可跨年级选修;特修课设戏剧、音乐、文学、绘画、社会科学等组别,贺绿汀、艾青等名家亲自授课。学校没有严格的考试升留级制度,要求学子"从百姓中来,回百姓中去",以所学造福社会。郭沫若、茅盾等进步人士的讲座,让这里成为国统区的"小解放区"。

1939年冬,育才学校迁至合川草街子古圣寺。600余名来自15省的难童在此安家,寺内三大殿化作教室,木凳、旧琴见证着青春的奋斗。学生们用桑枝写生,甚至自制"土墨镜"观测天文奇观。《育才二十三常能》要求学子掌握从种菜到速记的技能,《创造宣言》更喊出"人人是创造之人"的时代强音。师生开垦操场、创办普希金林,将方言剧《啷格办》送到乡间,用黑板报为农民"扫盲",让教育真正扎根大地。

1941年,因国民党断供经费,学校濒临断炊。周恩来亲临古圣寺题词"一代胜似一代",并送来延安的毛线衣与生产照片,给予师生精神与物质的双重支持。这份关怀化作力量,300余名育才学子最终走上革命道路。

1949年11月30日,重庆解放。育才教师用红绸被面赶制出山城第一面五星红旗,次日飘扬在解放碑顶。这面承载着教育长征精神的旗帜,如今静卧于三峡博物馆,诉说着战火中不屈的求索——陶行知与育才师生以教育为剑,在民族危亡时刻,走出了一条知识救国、实践育人的长征路。

行知路上的精神丰碑

1946年1月,陶行知在重庆创办社会大学,提出"大学之道,在明明德,在亲民,在止于人民之幸福"。他亲自讲授"民主教育",课堂上常常爆发出热烈的掌声。有学生回忆说:"陶先生讲课从不看讲稿,但每个数据、每个案例都烂熟于心。"

生命的最后100天,陶行知在上海、南京、重庆之间奔波。他发表了100多次演讲,呼吁停止内战、争取和平。他满怀豪情地告诉自己的好友翦伯赞:"我想在上海创办社会大学、函授大学、新闻大学、无线电大学、海上大学、空中大学,让整个上海都变成学校,让上海五百万市民都能得到受教育的机会。"

1946年7月25日这天,按照计划,陶行知应该到"生活教育社社员暑假进修班"开办大会上讲话。夏日上海的蝉鸣声阵阵,但翘首以盼的师生们,再也没能等到陶先生的到来,因为这位"无保留追随党的党外布尔什维克"永远闭上了眼睛。

陶行知去世后,人们在整理他的遗物时发现:除了几件打着补丁的衣服,就是成箱的教育笔记和学生作业。他留给家人的遗产,只有晓庄师范的校歌歌词:"捧着一颗心来,不带半根草去。"

从"生活教育"到"核心素养",从"教学做合一"到"项目式学习",这位布衣教育家的智慧如今仍在滋养着新时代的课堂。正如他在《自立歌》中所写的:"滴自己的汗,吃自己的饭,自己的事自己干。靠人靠天靠祖上,不算是好汉。"这质朴的箴言,正是中国教育最深沉的力量。

春蚕到死丝方尽，人至期颐亦不休。一息尚存须努力，留作青年好范畴。

——吴玉章

教育家小传

吴玉章

1878—1966

四川荣县人

革命家、教育家。早年加入同盟会，投身革命。中华人民共和国成立后，任中国人民大学首任校长，致力于高等教育建设。他强调理论与实践相结合，重视思想政治教育，培养了大批人才。吴玉章一生为革命与教育奉献，其"一辈子做好事"的信念激励了无数人，为中国教育事业发展做出了卓越贡献。

吴玉章：百年树人守初心

1966年12月12日，88岁的吴玉章躺在病床上，用微弱的声音对围在床边的师生说："要继续办好人民的教育……"话音未落，他永远闭上了双眼。这位被毛泽东誉为"一辈子做好事"的教育家，用布满皱纹的双手托起了新中国高等教育的基石，凭借"立学为民，治学报国"的信念，在旧中国的教育废墟上筑起了一座丰碑。

从勤工俭学到延安灯火

1912年，吴玉章在成都高等师范学校（今四川大学前身）任校长时，推行"学术自由，兼容并包"的理念。他聘请恽代英、杨闇公等新派教师，开设社会学、经济学等新课程。1917年，他在北京创办留法俭学预备学校，选送周恩来、邓小平、陈毅等近2000名学生赴法留学。临行前，他对学生们说："到法国去，不仅要学技术，更要学革命思想。"

1925年，47岁的吴玉章经赵世炎、童庸生等介绍，李大钊批准，加入中国共产党，并任南充高中首任校长。大革命失败后，他奉命赴苏联学习。在莫斯科东方大学任教期间，编写了《中国历史教程》，这是中国最早用马克思主义观点撰写的通史著作之一。1939年11月，他担任延安鲁迅艺术学院（1940年改为鲁迅艺术文学院）院长，创作《兄妹开荒》等秧歌剧，用艺术鼓舞抗日士气。在延安大学,他提出"教育为抗战服务"的方针,培养了数千名军政干部。

从旧王府课堂到马克思主义理论高地

1949年12月11日,为了培养具有马克思主义素养和专业知识的新中国的建设人才,中共中央政治局做出决定,以华北大学为基础,合并中国政法大学,从华北人民革命大学抽调部分干部,组建中国人民大学。1950年2月,72岁的吴玉章接到了毛泽东亲笔签署的校长任命通知书。此前,他谢绝了中央人民政府的行政职务,说:"我要把余生献给教育事业。"在开学典礼上,他提出要坚持马克思主义理论的指导,要求教师"既要当经师,更要当人师"。

建校初期,中国人民大学没有校舍,吴玉章带领师生在铁狮子胡同的旧王府里上课;没有教材,他组织教师编写《政治经济学》《辩证唯物主义》等讲义。1952年院系调整时,他力主保留人文社科专业,说:"国家建设不仅需要工程师,更需要思想家。"在他的坚持下,中国人民大学成为新中国人文社会科

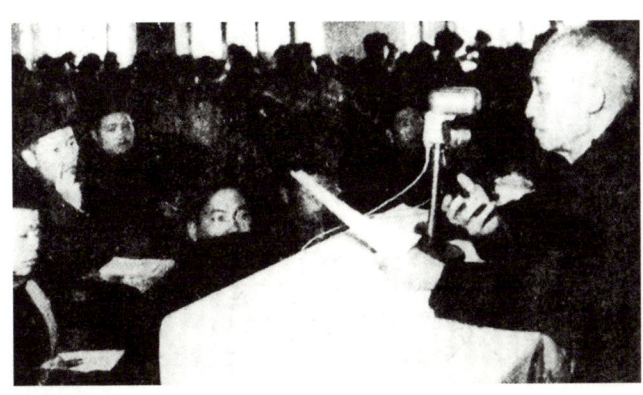

吴玉章在讲台上讲授知识

学的重镇。

1956年，78岁的吴玉章仍坚持给历史系学生上课。一次讲到辛亥革命时，他突然咳嗽不止，学生劝他休息，他却说："这节课很重要，不能耽误。"讲完课后，他因肺炎住院，在病床上还批阅学生的论文。他的学生、后来成为著名史学家的胡华回忆："吴老批改论文，连标点符号都不放过。"

从扫盲到汉语拼音的普及

1949年10月，吴玉章担任中国文字改革协会会长。他深知，要让工农群众受教育，必须简化汉字。在延安时，他就尝试用拉丁字母注音，编写《工农兵识字课本》。1956年，《汉字简化方案》公布，他亲自到工厂、农村教群众认读简化字。在北京第一机床厂，他握着工人的手说："你们是国家的主人，也要做文化的主人。"

1958年，80岁的吴玉章主持制定《汉语拼音方案》。为验证方案的实用性，他让秘书用拼音给荣县老家写信，让侄子用拼音回信。当看到侄子用拼音写的"伯伯，我学会了查字典"时，他激动得热泪盈眶。如今，汉语拼音已成为国际标准，让数亿人摆脱了文盲状态。

1960年，82岁的吴玉章写下自勉诗："春蚕到死丝方尽，人至期颐亦不休。一息尚存须努力，留作青年好范畴。"

> 重要的不仅是给他一袋干粮，更应给他一支猎枪。
>
> ——蒋南翔

教育家小传

蒋南翔

1913—1988

江苏宜兴人

教育家。早年投身革命，参与学生运动。中华人民共和国成立后，他长期主持清华大学工作，提出"又红又专"人才培养理念，强调思想政治教育与专业教育并重。他推动高校教学改革，注重实践教学，培养众多优秀人才。蒋南翔的教育思想与实践为中国高等教育发展提供重要经验，影响深远。

蒋南翔：又红又专铸英才

1935年12月初，北平城寒风凛冽，清华学堂地下室的印刷车间里，22岁的蒋南翔伏案疾书，泪珠滚落在稿纸上。他起草的《清华大学救国会告全国民众书》中那句"华北之大，已经安放不得一张平静的书桌了"，如惊雷般响彻华北大地。20年后，这位曾经的青年领袖站在清华园的主楼前，望着操场上奔跑的学生，用沙哑的嗓音喊出："为祖国健康工作五十年！"从烽火岁月到和平年代，蒋南翔用一生践行着"又红又专"的教育理念，在清华园里铸就了一代代英才。

从"一二·九"运动到革命熔炉

1932年的清华园，灰布长衫的蒋南翔常抱着二胡坐在荷塘边，用《平沙落雁》的曲调掩盖内心的激荡。这个看似文弱的中文系学生，早已秘密加入中国共产党，在"三三读书会"里与同学彻夜探讨《资本论》。"一二·九"运动前夕，他躲进清华学堂地下室，借着昏黄的煤油灯，将满腔悲愤化作笔尖的呐喊。游行当天，他高举"停止内战，一致抗日"的横幅走在队伍前列，军警的水龙头浇不灭他眼中的火焰。

1937年全面抗战爆发，蒋南翔辗转上海、武汉、重庆，在中共长江局青委任上组织青年救国团。他常穿着补丁摞补丁的长衫，深入工厂教工人识字，用《新民主主义论》点燃青年心中的火种。在延安整风运动中，面对"抢救运动"的扩大化，他顶着压力写下《关于抢救运动的意见书》，直言依靠群众的喉咙和拳头反特，"是对群众路线的莫大误会"。

又红又专的育人实践

1952年，39岁的蒋南翔出任清华大学校长。此时，我国第一个"五年计划"即将实施，面对院系调整后全新的工业大学格局，他提出"双肩挑"制度：选拔高年级学生担任政治辅导员，既抓思想工作又搞专业学习。首批辅导员王大中后来回忆道："蒋校长说，你们要像自行车轮子，既要保持向前的冲劲，又要找准着力点。"

在电机系教学楼前，蒋南翔曾蹲下身来查看学生设计的电路板。得知部分学生因课程难度大产生焦虑时，他召集师生在操场开座谈会，指着自行车链轮说："学习就像链条传动，每个齿轮都要咬合紧密。"随后学校调整教学进度，增设答疑环节。秉持"因材施教"理念，清华大学几十年来向国家输送了大批技术干部。

1958年，清华大学水利系师生接下密云水库的设计任务。蒋南翔坚持"真刀真枪"做毕业设计，带领师生在燕山脚下搭起帐篷。当苏联专家质疑"学生怎能承担如此重任"时，他拍着图纸说："我们的学生既能算微积分，也能扛测量杆！"最终，这座华北最大的水库成为"教育与生产劳动相结合"的典范。

全面发展的育人蓝图

1963年在清华礼堂,蒋南翔挥舞着手臂描绘"三支代表队"的蓝图——政治辅导员是思想先锋,学术尖子是攀登高峰的登山队,文艺体育特长生是校园文化的火种。他亲自担任哲学教研组主任,为研究生讲授"自然辩证法",课堂上常响起他标志性的沙哑嗓音:"给面包管一时,给猎枪管一生——知识是面包,能力是猎枪!"

在清华西大操场,总能看到蒋南翔与学生一起跑步的身影。他提出的"为祖国健康工作五十年"口号,让长跑成为清华传统。建筑系学生吴良镛记得,1960年校运会上,47岁的校长坚持跑完3000米,冲过终点时蓝布制服已被汗水浸透。这种对体育的重视,培养出施一公、胡凯等学术与体育双优的人才。

对特殊人才,蒋南翔打破常规。1963年,他特批数学天才张广厚跳级,并安排华罗庚亲自指导。当有人认为这是"拔苗助长"时,他反问:"如果钱学森当年按部就班,能提前20年回国效力吗?"这种"不拘一格降人才"的气魄,至今仍在清华大学"自强不息、厚德载物"的校训中回响。

跨越时空的精神丰碑

1979年,蒋南翔重返教育部,力主"有计划按比例发展教育"。20世纪80年代他主持起草《中华人民共和国学位条例》,在病房里逐字修改草案。秘书劝他休息,他却说:"学位制度晚一天出台,就耽误一代青年。"当看到首批博士服上的红色流苏,他老泪纵横:"这抹红,和'一二·九'运动时的颜色一样!"

1988年5月3日,蒋南翔在北京逝世。灵堂里摆满了学生折的纸鹤,其中一只写着:"您教我们'又红又专',我们做到了;您说'健康工作五十年',我们正在做。"如今,清华主楼前的蒋南翔铜像前,总有人献上鲜花。那些被他影响的人——从院士到普通教师,仍在践行着他的理念:在实验室攻克"卡脖子"技术,在乡村支教点亮希望,在抗疫一线守护生命。

在清华档案馆,珍藏着蒋南翔1962年的笔记本,扉页上写着:"教育是国之大计、党之大计。"这或许是对他一生最好的注解:从"一二·九"运动的呐喊到教育强国的实践,从清华园的灯火到神州大地的星火,他用"又红又专"的理念,为中国高等教育铸就了永恒的丰碑。当春风再次吹过荷塘,那些被他培育的幼苗,早已长成支撑民族复兴的栋梁。

作为一名教师,不仅要掌握知识,更要有童心、有母爱。与孩子打成一片,这叫有童心;要把学生当作自己的孩子一样看待,这就叫对学生的母爱。

——斯霞

教育家小传

斯霞

1910—2004

浙江诸暨人

人民教育家。她一生扎根小学教育,形成独特的"童心母爱"教育思想。斯霞倡导"随课文分散识字"教学法,注重学生兴趣培养与习惯养成。她以慈母之心关爱学生,教学风格亲切自然,深受学生爱戴。其教育实践与理论为中国小学语文教学提供宝贵范例,影响一代又一代教育工作者。

斯霞：童心母爱育幼苗

在旧时光洒下的金色阳光中，斯霞小学教室内，孩子们的欢声笑语犹如一曲动人的交响乐，轻柔地回荡在四壁之间。尽管墙壁斑驳，课桌陈旧，但斯霞的课堂却充满了活力与温暖——这种温暖，正是源于她无私的给予与那跨越时光的"母爱教育"理念。

从"孩儿王"到教育家的抉择

1927年的杭州女子师范学校礼堂里，17岁的斯霞攥着毕业证书，耳边回响着一条朴素的信念——读了师范，就该当教师。彼时小学教师被称作"孩儿王"，她望着镜中青涩的面庞，喃喃自语："和天真烂漫的孩子在一起，挺有意思。"

绍兴第五中学附属小学的教室里，斯霞第一次面对50双懵懂的眼睛。她教国语时，总把课文编成儿歌；教算术时，用石子、木棍摆出加减法。有学生尿裤子，她悄悄带到宿舍换洗；有孩子打架，她蹲下身平视着说："拳头打在身上会疼，说句对不起却能让心靠近。"1932年冬，南京中央大学实验学校小学部的聘书送到绍兴。雷震清校长在信中写道："吾辈要办的，是尊重儿童天性的活教育。"斯霞摩挲着信纸，想起在杭州女子师范学校礼堂的誓言。此刻她终于明白：所谓"孩儿王"，原是要用童心照见教育的本真。

踏上南京火车站月台时，斯霞的藤箱里装着两样宝贝：在绍兴收集的 372 枚儿童认知案例，半本未写完的《童心教育札记》。当绿皮火车缓缓启动，她望向车窗外飘落的初雪，仿佛看见千万颗稚嫩的心灵正在教育的沃土里，等待破土而出的春天。

学制改革的春雷

1958 年秋，江苏省教育厅的试点任务落在斯霞肩头：将小学从六年制改为五年制，且不增加课时。面对教育行政部门的改革指令，斯霞没有选择机械执行，而是在南京师范大学附属小学开展了一场静悄悄的教学实验。她带领教研组系统梳理儿童认知发展规律，发现 7—12 岁儿童的注意力持续时间以每年 15 分钟递增，记忆容量则以每年 3—5 个知识点扩展。基于这些数据，斯霞创造性地提出"分散识字"教学法，将原本集中教授的生字拆解到课文情境中，通过"字不离词、词不离句"的原则，让识字过程自然融入阅读与表达。

这种教学创新在 1963 年《全日制小学语文教学大纲》修订时引起关注。当教育专家组到学校调研时，斯霞展示的课堂记录显示：采用分散识字法的班级，五年内平均识字量达 2500 个，比传统教学法高出 40%，且阅读写作能力显著领先。更令人惊叹的是，这些孩子在课堂上展现出的思维活跃度，远超同龄人的平均水平。斯霞用实践证明，缩短学制并非必须以牺牲教育质量为代价，关键在于遵循儿童身心发展规律。

在 1978 年改革开放后的学制调整中，斯霞再次成为教育改革的守望者。当部分学校为追求升学率盲目增加课时、提前教授高年级内容时,她坚持开设"生活实践课",带领学生到农场观察水稻生长,在工厂体验生产流程。这种将知识还原到生活场景中的教学方式,被《人民教育》杂志称为"活教育"的典范。1983年,当教育部酝酿恢复六年制小学时,斯霞提交的《关于学制改革的三点建议》中明确指出:"学制调整必须建立在儿童认知科学的基础上,既要适应社会发展需求,更要尊重教育内在规律。"

童心母爱的交响

在南京师范大学附属小学,流传着"斯霞的床"的故事。暴雨天校门口积水成潭,她总早早地守候在那里,将低年级学生一个个背过水洼。深秋某日,气温骤降,她翻出全家人的冬衣,连自己的红毛衣都披在学生身上。次日,一个女孩捧着毛衣归还,兜里还藏着个红苹果——那是她用早餐钱买的"谢礼"。

斯霞的课堂是"童话王国"。教《春天来了》,她带孩子们到玄武湖捡柳枝、采野花;讲《乌鸦喝水》,她用玻璃瓶和石子

斯霞铜雕塑

演示物理原理。有学生总把"武"字多加一撇,她编了顺口溜:"武松打虎不带刀,撇一去掉威风高。"孩子们哄堂大笑,此错别字从此绝迹。

但对犯错的孩子,她比母亲更有耐心。有次图书角的《安徒生童话》被撕破,她没有厉声质问,而是讲起列宁打碎花瓶的故事。当肇事者红着脸举手时,她轻轻拥抱:"承认错误需要勇气,老师为你骄傲。"

薪火相传的星河

1978年,68岁的斯霞被评为江苏省首批特级教师。组织欲调她任南京市教育局副局长,她却连夜写信:"我离不开讲台,离不开孩子们。"最终,她挂着"特级教师"的胸牌,继续穿梭在教室之间。

在斯霞纪念馆里,陈列着她用过的教具:自制的拼音卡片、手刻的蜡纸、磨破的教案本。泛黄的笔记本上,记录着这样的心得:"教师要像农民,蹲下来观察幼苗;要像医生,倾听孩子的心跳。"她培养出的37位特级教师中,许多人至今仍保留着"随堂听课"的习惯——这是斯霞留下的"传家宝"。

1995年退休后,斯霞仍每天到校"上班"。她帮青年教师磨课,给后进生补课,甚至自掏腰包设立"进步奖"。有次见学生摇动小树,她急得跺脚:"你摇它,它就长不大了!"这份对生命的敬畏,让所有接触过她的人动容。

没有爱就没有教育，没有兴趣也没有教育。

——霍懋征

教育家小传

霍懋征

1921—2010

山东济南人

小学语文教育家。从教60余年，坚守教育一线，提出"没有爱就没有教育"的理念。霍懋征注重因材施教，倡导启发式教学，培养学生自主学习的能力。她以高尚师德与精湛教艺，赢得了广泛赞誉。其教育思想与实践为中国小学语文教育改革提供了重要借鉴，激励无数教师投身教育事业。

霍懋征：没有教不好的学生

霍懋征，这位温润如玉的教育家，有如一盏不灭的心灯，在长达 60 年的教育生涯中，以"激励·赏识"的理念，深刻影响了无数学子。在她眼中，没有爱就没有真正的教育，这份信念使她的教育生涯充满了温情与坚韧，也使那些曾经迷惘的学生们，在她的细心呵护下，找到了方向与希望。

用爱叩开紧闭的心门

1958 年冬夜，北风裹挟着煤渣拍打在窗棂上。霍懋征推着自行车深一脚浅一脚地穿过胡同，车筐里装着刚批改完的作文本，班上 46 个孩子她已家访过半。当她敲开赵黎明家的门时，孩子正蜷缩在煤炉旁写作业，冻红的小手握着半截铅笔。

不巧，赵黎明的父母还没回来。霍懋征坐下一边等候，一边取出孩子们交上来的作文，专心批改起来。晚上八点，赵黎明就在霍懋征批改作业的声音中，渐渐进入了梦乡。他不知道自己的父母是几点回来的，也不知道霍老师是几点离开的，但他清楚地记得，第二天早上，霍老师依然神采奕奕地走进教室，把作文本一一发回到孩子们的手中，每篇作文上面，都有她字迹秀丽的评语和精心工整的批改。

这样的场景在霍懋征 60 年的教学生涯中重复了上千次。她曾为哮喘发作的学生连续三晚守夜，把办公室的折叠床让给住院学生的家长;"文革"期间被批斗后,她仍偷偷给"黑五类"子女补课。学生们至今仍记得:她总在口袋里备着薄荷糖,谁咳嗽了就悄悄塞一颗;她的教案本里夹着全班孩子的生日表,每个小寿星都会收到她手写的贺卡。

让"问题学生"绽放光芒

当霍懋征得知那个被多次劝退的男孩何永山即将被送入工读学校时,她立即跑去找校长:"把孩子交给我吧。"校长望着这个连续多年带出优秀班集体的骨干教师,无奈摇头:"他会影响班级荣誉的。"霍懋征将教案本紧紧抱在胸前:"给我三个月,若不成,我亲自送他去工读学校。"

为保护何永山自尊,霍懋征在班里宣布"三不原则":不轻视、不提往事、不揭短。她发现男孩虽顽皮但热爱劳动,便任命其为卫生组长,在全班面前表扬他"扫得最干净";在得知他家庭困难无力支付餐费后,她悄悄垫付伙食费,并委任他担任"午餐管理员",负责分发餐具。

转变并非一蹴而就。有次数学课,何永山故意学猫叫扰乱课堂。霍懋征没有发火,而是说:"听说永山模仿动物叫声特别像,课后教教老师好吗?"课后,她真的跟着男孩学猫叫,逗得全班大笑。从此,这个"捣蛋鬼"开始主动维持课堂纪律。

渐渐地,何永山成绩稳步上升,也有了很多好朋友。多年后成为资深技术员的他,总在项目启动会上说:"霍老师教会我,每个错误都是成长的机会。"

霍懋征对待所有孩子一视同仁，愿意把爱倾注在基础差、淘气以及贫困的学生身上。学生病了，她就带去看病求医，买药送饭；学生家庭困难，她就自掏腰包买午餐；学生踢球没鞋穿，她就送去短裤、球鞋；学生父母调到外地工作，她就把孩子接到自家照顾……

创新教学点亮智慧之光

1978年重返讲台时，霍懋征已年近六旬。面对语文教材阅读量不足的问题，她提出"数量要多，速度要快，质量要高，负担要轻"的十六字改革方针。在教《月光曲》时，她带来手风琴，边弹奏边引导学生想象："贝多芬按下琴键时，月光是不是也跳进了盲姑娘的心里？"孩子们的作文本上开始出现"月光像妈妈的手，轻轻抚摸着大海"这样的比喻。

她独创的"讲读法"将课堂时间重新分配：20分钟精讲重点，30分钟学生自主练习。有次公开课，她故意留白让基础薄弱的学生回答，当孩子紧张得说不出话时，她轻声提示："想想我们昨天观察的梧桐叶。"在她的引导下，孩子竟完整描述出"叶脉像老人手背的血管"。听课教师后来评价："这堂课让我们看到，没有教不好的学生，只有不会教的老师。"

这种教育智慧体现在每个细节：她发明"左手右手"暗号保护差生自尊，让答不上问题的孩子举右手（表示不会），会答时举左手；她用"作文园地"代替分数，把优秀习作贴在教室后墙，让每个孩子都能找到成就感。在她班上，连最调皮的学生都养成了晨读习惯，作业本上的红钩永远比叉多。

将教育火种播撒四方

霍懋征的教育智慧远不止于课堂。她参与编写新中国首套小学语文教材,将《月光曲》等课例搬上银幕,影片在美国引发反响;她提出"双基"教学需与思想品德教育并重,以示范课推动全国教改;她更以"数量要多,速度要快,质量要高,负担要轻"的十六字方针,为素质教育开辟路径。

1998年,霍懋征从一线退下,但仍关注教育事业发展。她积极参与西部地区的教育支援活动,为边远地区的教师提供培训和支持。她还协助教育部开展重点课题研究,将自己的教育经验分享给更多教师。她认为,把毕生经验告诉更多的老师,就是她现在要做的事。

霍懋征用一生践行了"没有教不好的学生"的教育信念。她的故事激励着一代又一代教师坚守初心、敬业奉献,为培养更多优秀人才贡献力量。

中华民族艰苦奋斗的精神和深厚灿烂的文化使我激动不已，我常为自己是中华民族的一员而感到自豪和骄傲，更始终意识到自己重任在肩，要终身进取，做一名"合格"的教师。

——于漪

教育家小传

于漪

1929年出生于江苏镇江

语文教育家。长期从事中学语文教学，提出"教文育人"理念，强调语文教学与思想教育的融合。她注重文本解读与学生主体性的发挥，教学风格生动深刻。她以深厚的学识与高尚的师德，影响了众多师生。其教育思想与实践，推动了中国中学语文教学改革，为教育事业发展做出了杰出贡献。

于漪：教文育人守三尺讲台

2019年9月29日上午，北京人民大会堂金色大厅，气氛热烈庄重。在雄壮激昂的《向祖国致敬》乐曲声中，中共中央总书记、国家主席、中央军委主席习近平亲自给上海市杨浦高级中学名誉校长于漪佩戴上金色的"人民教育家"奖章。这是共和国首次颁发"人民教育家"这一国家荣誉称号，于漪作为基础教育界的唯一代表获此殊荣。她的教育事迹和贡献必将永远写在共和国史册上！

从逃难少女到教育摆渡人

1937年冬，镇江薛家巷小学的教室里，8岁的于漪跟着音乐老师学唱《苏武牧羊》。当唱到"留胡节不辱"时，日本轰炸机的轰鸣声突然划破天空。这段刻骨铭心的记忆，在她心中埋下了"教育救国"的种子。辗转考入镇江中学后，数学老师毛聿彰的教诲如黄钟大吕："学习和做人一样，老老实实，懂吗？"那张因帮人作弊被判零分的试卷，成了她终身恪守的师德准绳。

1947年，于漪考入复旦大学教育系。在曹孚教授的课堂上，她第一次听到"教育是民族精神的火种"，先生无需讲稿便将各国教育史的脉络化作鲜活图景；周予同先生讲解《诗经》时，将"关关雎鸠"的吟诵化作对中华文化的深情礼赞。这些大师的言传身教，为于漪树立起一个个求学、做人、教书的标杆，激发了她人生使命和教育信仰的形成。

让语文课成为精神灯塔

1959年，当了7年历史教师转岗为语文教师的于漪，面临职业生涯的重大挑战。为攻克汉语拼音难关，她每天晚上9点以前工作，9点以后自修中文系课程。这种"明灯伴我过半夜"的苦修，让她在3年内系统掌握了语法、修辞、逻辑知识，更将《文心雕龙》《人间词话》融入教学。

在《变色龙》公开课上，她独创"问题链教学法"：从奥楚蔑洛夫的军大衣颜色变化，延伸到契诃夫笔下的"小人物"命运，最终落脚于"知识分子的良知"。当学生提出"如果我是警官会怎么做"时，她没有给出标准答案，而是引导他们撰写"给赫留金的一封信"。这种"网格式互动教学"，让课堂成为思想碰撞的熔炉。

1978年，报告文学《哥德巴赫猜想》引发全民热议。于漪与数学组教师合作唱"双簧"：数学老师讲解陈景润的"1+2"证明，她则剖析"哥德巴赫猜想"背后的文化密码。这种跨学科育人模式，培养出多位既懂技术又通人文的复合型人才。

于漪

用生命唤醒生命

1985年，于漪担任上海第二师范学校校长。面对校舍破旧、管理落后、师资涣散的困境，她提出"三个制高点"的办学理念：站在时代高度思考育人目标，站在战略高度设计课程体系，站在国际高度培养竞争意识。为重塑师德，她规定教师必须坐班，带头参与校园卫生；为培养学生正气，她亲自设计藏青色校服，搭配大红领带与白色中筒袜，让师范生成为"马路上的一道风景线"。她还制定、完善了一系列制度，如学规、食规、宿规、会规、劳动规章等，把一所从烂摊子起步的师范学校逐步带入正轨，成了上海乃至中国语文教育的高地。

一位姓何的学生患肺病期间，于漪每月自掏腰包购买两瓶当时售价6元一瓶的雷米封。这个数字相当于她当时工资的十分之一，这让"学生身上的事都是老师心上的事"成为全校共识。她首创"师徒带教制"，要求青年教师每周听她两节课，而她必听对方一节课并手写评语。这种"双向奔赴"的成长模式，催生出三代特级教师团队。

2006年，77岁的于漪因心脏手术住院，恰逢上海市语文教师培训基地学员结业。她坚持在病房里上"最后一课"：胸前挂着监护仪，手中捧着《百合花》课文，逐句分析"通讯员借被子时的腼腆"如何体现人性之美。学员们含着泪记录："老师的手背上还插着输液管，却用颤抖的声音说'语文老师要做传统文化的摆渡人'。"这堂用生命燃烧的最后一课，被镜头永远定格在光碟里，成为全国师范生必看的"精神教科书"。

构建中国教育话语体系

1995年,于漪在《弘扬人文 改革弊端》中提出"工具性与人文性统一"的语文观,推动将人文教育写入课程标准。她主编的《于漪新世纪教育论丛》,系统阐述"德智融合"的理念,主张在《荷塘月色》中品味朱自清的"家国情怀",在《祝福》里解读鲁迅的"国民性批判"。这种"以文化人"的实践,让语文课堂成为价值观培育的主阵地。

面对教育功利化倾向,她疾呼"教在今天,想在明天"。当看到小学生写下"祝你成为富婆"的毕业赠言时,她连夜撰写《教育要仰望星空》,提出"学生为谁而学、教师为谁而教"的时代之问。在《教育魅力》一书中,她将教师魅力解构为"时代精神、人格塑造、学术素养"三维坐标,为青年教师成长指明方向。

2019年,90岁高龄的语文教育家于漪获授"人民教育家"国家荣誉称号,成为新中国首位获此殊荣的中小学教师。站上领奖台时,她依然保持着数十年如一日的"两把尺子"习惯:一把专门丈量他人的闪光点,从同事、学生乃至不同学科中汲取养分;另一把时刻检视自身不足,在教案本上密密麻麻记录着教学反思。

在华东师范大学的讲座中,面对未来的教师,她以"庸医杀人不用刀,误人子弟的教师比庸医更可怕"的警句,强调教育者的责任重于泰山。这种"刀刃向内"的自我革命精神,贯穿她68年教学生涯——从首创"教文育人"理念到构建"情感教育"体系,从培养三代特级教师到推动新课标改革,始终以

"一辈子学做教师"的谦逊姿态,践行着"生命与使命同行"的教育誓言。

照亮教育星空的永恒坐标

如今,在于漪工作过的杨浦高级中学,校史馆里陈列着她用过的教案本:每页都留有三分之一的空白,记录着学生的奇思妙想;泛黄的批改记录中,"思维火花""情感共鸣"等批注比比皆是。这些"会呼吸的教案",成为青年教师争相模仿的"教育圣经"。

她培养的"徒弟"中,有人将《诗经》吟诵带入乡村课堂,有人用"戏剧教学法"激活古诗文教学。在云南山区,支教教师王芳效仿于漪的"美词美句接龙",让留守儿童在"青青子衿"的诵读中重拾文化自信。这种教育火种的传递,印证了于漪的信念:"教育不是独奏,是千万人的交响乐。"

2025年,96岁的于漪仍在修改《新时代教师素养研究》书稿。她常说:"教育是渡人过河的事业,教师就是摆渡人。"从镇江中学的逃难少女到人民大会堂的受勋者,她用70年坚守诠释了"言为士则,行为世范"的真谛。当春风再次吹过校园,那些被她温暖过的生命,正带着这份信仰,在三尺讲台上续写新的传奇。

第三篇

启智润心　因材施教

启智润心、因材施教的育人智慧，
不仅是教师职业的核心能力素质，
也是一代代教师需要持之以恒磨砺的专业技能。
一位位优秀的教师，
有理想、有道德、有学识、有仁爱，
他们展现出了新时代教师队伍的良好精神风貌，
也展示了大国良师的教育家风貌。

教育是一项不平凡的事业,而一位位平凡的老师用每一个平平淡淡的日子铸就了教育的崇高。

扫码观看

扫盲启智的乡村先驱

精神提炼 ‖ 以创新教具为桥梁,架起乡村求知之路

在新中国成立初期,教育事业十分落后,文盲、半文盲人数达到了 3.2 亿人,约占当时人口总数的 80%。与此同时,热火朝天的新中国建设急需大量合格的劳动者和优秀人才。因此,扫除文盲成为当时一项亟待解决的重要问题。

1950 年 9 月 20 日,第一次全国工农教育会议在北京召开。

第一次全国工农教育会议

会议提出"推行识字教育，逐步减少文盲"口号，一场开启民智的识字扫盲运动在全国各地迅速展开。

当年，在河南省南阳市唐河县源潭镇的蔡庄村，百分之八九十的村民都是不识字的文盲。16岁的初中毕业生马景武看到这样的现状，决定响应国家的号召。他在村里开办扫盲班，当上了乡村教师。

由于祖上几代都是教书先生，出身教育世家的马景武从小就接受了严格的私塾教育，成了村子里为数不多的"文化人"。然而，现实中的扫盲却和马景武想象的并不一样，因为村民们对此并不积极。

> **马景武学生　郭新伟**
>
> 有的人听听就走了。他就反复跟人家说，首先你们得认识自己的名字，上街赶集了，你得会算账……

功夫不负有心人，在马景武耐心的劝说下，参加扫盲的村民越来越多。但是，又一个难题摆在了马景武的面前——新中国成立初期，许多偏僻的农村条件十分艰苦，开展扫盲教育的桌椅都无法解决。

> **马景武女儿　马天琳**
>
> 他就用泥做。俺家前边都有坑，挖坑里的泥，晒晒，晒到半干的时候，做成凳子、桌子让学生用。

20世纪50年代，在中国各地的扫盲运动中，广泛采取了"能者为师"的方法——亲教亲，邻教邻，夫妻互教，小孩教父母。教学中不以家人辈分、长幼排序，只论文化水平高低。于

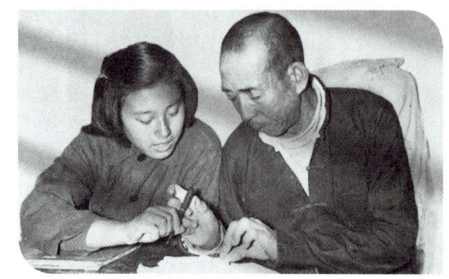

"能者为师"的扫盲方式

是初中毕业的马景武,成了村里许多中年人甚至老年人的老师。但是他面对的中老年学员,记忆力和理解力较差,在课堂上学习后很快就会遗忘,并没有达到扫盲教育的目标要求。

马景武

一般的教学方法不行。他不学,你非给他往里头灌,这不行。当时我就用教具进行教学演示,每一次新课,我都要变一样教具。学生们呢,每天晚上不喊自到,跟看把戏一样。

马景武自制的教具

（咱们）识了字，提高了文化，看书、看报，顶呀顶呱呱。两只眼睛亮堂堂，心里开呀开了花。两只眼睛亮堂堂，心里开呀开了花。

生动的教具，辅以朗朗上口的顺口溜，让村民们在轻松的游戏中学会了一个又一个汉字。就这样，在所有人的不懈努力下，马景武所在的蔡庄村于1957年在全县率先完成了脱盲。

马景武的扫盲班里，先后有5000多人听过他的课。

"启智润心、因材施教"，马景武用自己的细心和耐心，帮助村民们告别了一字不识的历史，让他们成为新中国教育的第一批受益者。

从1952年11月中央人民政府扫除文盲工作委员会成立，展开群众性扫盲运动，到1964年中国扫除文盲已经超过1亿人。在这期间，涌现出了许多和马景武一样的扫盲教师，他们根据不同的学员特点，因材施教，创造了许多适应当地特点的教学方法，帮助无数人打开了知识的大门，也浇灌和滋润了一颗颗求知的心。

全国各地展开群众性扫盲运动

教材育人的时代灯塔

精神提炼 ǁ 以精粹文章为基石,铸就国之栋梁之基

弯弯的月儿,小小的船。小小的船儿两头尖。我在小小的船里坐,只看见闪闪的星星、蓝蓝的天。

这是一首很多人耳熟能详的儿童诗,以通俗易懂、充满童趣的语言风格,伴随着一代代人从小到大。这首儿歌的作者就是著名教育家叶圣陶先生。

1917年,23岁的叶圣陶来到了江苏省苏州市的甪直镇,在当时的吴县县立第五高等小学任教。当时很多人把教书当作聊以为生的职业,而在叶圣陶的心中,教育是启发民智的神圣工作,但在旧的教育体制下,他的教育理想却无法实现。当时的叶圣陶每天目睹的是学究们居高临下,甚至使用的文言文课本也和日常语言严重脱节。于是,叶圣陶主持编写了中国早期的白话文教材——《开明国语课本》。

叶圣陶编写的白话文教材

中华人民共和国成立后，叶圣陶的启发民智的教育思想有了用武之地。当时全国各地中小学教材不统一、质量参差不齐。1950年12月，人民教育出版社成立，叶圣陶被任命为第一任社长。他开始带领出版社的同人，为3000万中小学生编写通用教材。叶圣陶凭着教育家的使命感，对教材编写工作严格要求，绝大部分教材都要亲自审阅修改。

> **叶圣陶孙女　叶小沫**
>
> 他觉得，孩子是要读着课本长大的，课本就是他一辈子的依据，就是他学习语文的依据，所以这个事情是一定马虎不得的。而且语文课本不是一两个人在读，而是全国的孩子都在读，所以他把这件事看得很重。

在叶圣陶看来，课文是中小学语文课本的重要组成部分，不仅可以影响学生的学习兴趣，还对开启智力、培养道德品质、提高审美水平有着重要的作用。因此，他对语文教材的选文提出了"无篇不精，文质兼美"的要求。本着这一原则，在重新编写法国作家都德的小说《最后一课》时，叶圣陶邀请了精通法语和精通标准普通话的专家，共同研究语言细节。

> **人民教育出版社原副总编辑　刘国正**
>
> 找普通话非常熟悉的，就是北京人，有我，有张志公、王微、蔡乔臣等好几个，坐在那里，一句句地来审。

在这篇课文的编写过程中，懂法语的专家推敲译文，而精通普通话的专家则反复诵读，一直修改到上口、顺耳为止。

全国政协第一届全体会议教育组合影

1949年2月奔赴解放区的部分民主人士在"华中轮"上合影

1951年春，新中国的第一套统编教材送到了学生们的手上。由叶圣陶亲自审定的"语文"两个字也首次出现在中国教育史上。中小学统编教材陪伴了新中国几代人的成长，成为中国人心中一份充满温情的集体记忆。

叶圣陶和他同时代的文化大师们，开民慧、启民智，以大大的才学编写着小小的课本，把深厚的学养变成无声的春雨，浸润着学生们的心田，浇灌他们成长为国家栋梁。叶圣陶等人身上凝聚的"启智润心、因材施教"的教育家精神，也随着时间的推移不断传承。

叶圣陶编写的语文课本

清华大学教育研究院院长　石中英

启智润心、因材施教，是对教育规律的深刻把握，也是对育人艺术的精准表达。

特教路上的希望灯塔

精神提炼 ‖ 以特殊教育为桥梁，搭建盲童梦想之梯

2022年3月4日，第13届冬季残疾人奥运会在北京举行。开幕式上，一群视障孩子组成的管乐团奏响了国际残奥委会会歌《未来赞美诗》。1分58秒，47名盲童靠默记下来的乐谱，在温度已近零下的室外，用这首74个小节组成的悠扬乐曲，把国际奥委会会旗送上了主会场的上空。这是残奥会历史上的一个奇迹，更是这些盲童一生中最绚烂的一次绽放。

这个全球规模最大的盲人管乐团，来自重庆市特殊教育中心，校长李龙梅就是这些孩子的领路人。

1985年初，国务院向全国人民代表大会常务委员会提出关于提请审议设立教师节的议案。在征集意见过程中，叶圣陶建议教师节定在每年秋季学生入学的日子，从而让学生在新学年一开始就记住教师的辛勤和谆谆教诲。

这一年，刚刚参加工作不久的李龙梅，还是一位普通的乡村教师。这一年，教师的政治地位和社会地位得到了进一步提高。李龙梅也迎来了人生第一个教师节，此时的她很享受自己的工作，也认为自己会在重庆市南岸区的乡村小学教一辈子书。

2001年，一纸调令改变了李龙梅的生活轨迹，她被任命为重庆市盲人学校校长。对于李龙梅而言，在完全未知的特殊教育领域，从事一项完全陌生的工作，是从未有过的挑战。

> **重庆市特殊教育中心校长　李龙梅**
>
> 脑袋嗡嗡地直响，就是心里很恐惧、很排斥。第一反应是，是不是被发配到那里去了。我们教委到我们学校的路程可能就十来分钟吧，我认为那是我这辈子走过的最远的路。

这段看似漫长的路，是一位教育家即将开始的征程。最初的日子里，李龙梅带着彷徨和疑惑，不断审视着自己的内心和全新的学校，无法进入工作状态。一天，在学校走廊上和一个盲童的偶遇，给了她重新出发的勇气和力量。

> **重庆市特殊教育中心校长　李龙梅**
>
> 我特别特别轻地，就是试图不让这个孩子发现我的存在。在我跨出第二步到第三步之间的时候，他一下子就站起来了，他说："你是新来的李老师吗？"然后朝着我走的这个方向，直直地走过来。

孩子稚嫩的话语，让已经从教十几年的李龙梅无法拒绝。

> **重庆市特殊教育中心校长　李龙梅**
>
> 然后我就说我是，但是语气是冷冰冰的，我并不想跟他过多地交流和纠缠。但他还是这样向我走过来，他说："同学们说学校来了一个新老师，但是都没跟你说过话，也不知道你长什么样。老师说你很漂亮，我想摸一摸。"然后我就蹲下身子，他就摸了我的头、我的脸。

孩子充满疗愈的抚摸，触动了李龙梅内心最柔软、最温情的部分。那一刻，李龙梅知道，有些东西被这次触摸永远地改变了。

在随后的日子里，这些大多来自贫困农家的盲童，对知识和关爱的渴求、对生命尊严的渴望，激发起李龙梅心底那束从未熄灭的光，她决定一定要和孩子们一起开拓希望。

通过深入调查，李龙梅认识到，特殊教育不只是传授知识，更重要的是塑造人的灵魂。在这里，李龙梅完美诠释了启智润心、因材施教的教育家精神。为了那些因为看不到光明而自卑敏感的学生，李龙梅抱着试试看的态度，组建了盲童管乐团。音乐照亮了孩子生命里的黯淡，更是鼓起了无数盲童改变自己命运的勇气和信心。

孩子们已经放假了，和往常一样，李龙梅和老师们开始家访，到每一个学生家里跟家长沟通孩子的成长情况。

> **重庆市特殊教育中心校长　李龙梅**
>
> 20多年来，这个学校的毕业生全都做到自食其力。他们有做按摩的，有在学校做老师的，有在残联工作的，有自己搞音乐、搞工作室的。不成为社会的累赘，养活自己还照亮别人，这就是我们非常愿意看到的。

孩子毕业后没有一个人因为残疾成为社会的包袱，这是"妈妈校长"李龙梅最为自豪的事。

重庆市特殊教育中心校长　李龙梅

特殊教育对于我们而言是一项崇高而伟大的事业。要谈我对教育的理解，我更愿意把我们的这种教育形式理解为养育。我觉得特殊教育绝对不是一种教育的形式，不是一种职业，而是一种责任和一种使命。

启智润心、因材施教的教育典范

精神提炼 ‖ 以启智润心为指引，创新教学法引领学生成长

教育是一项不平凡的事业，而一位位平凡的老师用每一个平平淡淡的日子铸就了教育的崇高。张晋藩教授就是这样在日复一日的耕耘中，为中国法制史书写出了伟大的一页。

《中国法制通史》出版座谈会

《中国法制通史》书影

1999年元旦,在人民大会堂举行了一个隆重的首发式,历经20年,《中国法制通史》终于编纂完成。这部鸿篇巨制打破了国际上对于中国古代无民法的错误认识。

> **中国政法大学研究生院院长　朱勇**
>
> 以这一套著作的出版为标志,可以说中国法制史研究的中心牢牢树立在中国的本土。

《中国法制通史》的出版对于中国法学界和史学界意义重大,而倡议并推动这部著作编纂出版的就是中国政法大学教授张晋藩。

张晋藩是新中国第一批法制史研究生,是中国法制史学科的主要创建者。他至今已培养了百余位博士生。在教学过程中,他注重启发学生的智慧。不同于就事论事的讲解,张晋藩以引导思考的教学方式,让学生自己去发现更大的世界。通过启智润心的悉心教导,培育出了一代又一代法制史学科优秀人才。

启智润心、因材施教的育人智慧,不仅是教师职业的核心能力素质,也是一代代教师需要持之以恒磨砺的专业技能。一

张晋藩教授在工作

位位优秀的教师,有理想、有道德、有学识、有仁爱,他们展现出了新时代教师队伍的良好精神风貌,也展示了大国良师的教育家风貌。

李庾南是南通市启秀中学的教师。从"姐姐班主任"到"妈妈班主任",再到"奶奶班主任",从教 67 年来,李庾南一直坚守在教学一线,她提出的"自学、议论、引导"教学法影响了一代又一代的学生和教育工作者。

> **江苏省南通市启秀中学教师　李庾南**
>
> 学生是一个人,学生是一个学习者,他不是作为一个容器来接受知识的。认识了这一点,我自己的教育理念就有了根本的转变。谁是学习的主人?学习者。学生是学习的主人。那么我们的课堂,不应该叫学生为我的教案服务,应该是我的教案、我的方法要为学生的学服务。

李庾南在教授数学知识

让学生做学习的主人,在其中体会学习的快乐。从南通启秀中学到南京鼓楼幼儿园,这样的教学思想并没有因为地域的差别而改变。

南京市鼓楼幼儿园的前身是鼓楼幼稚园,由著名教育家陈鹤琴先生于1923年创办。这里倡导的前进的、活泼的、有生气的"活教育"成为启发幼儿心智、滋润孩子心灵的春风,也让这里成为中国历史上第一所开展教育科学研究的幼儿园。老园长崔利玲对于鼓楼幼儿园百年来的教育探索有着深刻的理解。

> **南京市鼓楼幼儿园原园长　崔利玲**
>
> 我们要让鼓楼幼儿园成为活泼泼的幼儿园,我们要让我们的孩子成为活泼泼的儿童。怎么才能活起来?他很放松,他做自己喜欢的事情,他做自己能够做的事情,他做自己做了以后能够促进自己发展的事情,他做那些能够对他未来有用的事情。这就是我们教育的真正的价值所在。

陈鹤琴雕塑

启智是条件,润心才是目的,最终是为了实现立德树人的根本任务。

> 清华大学教育研究院院长　石中英
>
> 启智润心，必须因材施教，充分尊重和研究每一个儿童的学习和发展的特点，给予每一个儿童以最恰当的教育。

在幼儿园，让孩子们做快乐的自己，而在高职校园，学生们则要做最好的自己。在武汉城市职业学院，集高级讲师、高级工程师和高级技师于一身的教师禹诚被称为大国工匠背后的工匠。她带领的学生不仅在国内的各项比赛中屡屡夺魁，还在德国柏林国际数字化人才创新技能大赛中获得最高奖，被誉为数控界的"梦之队"。谈到自己的学生，她充满自豪。

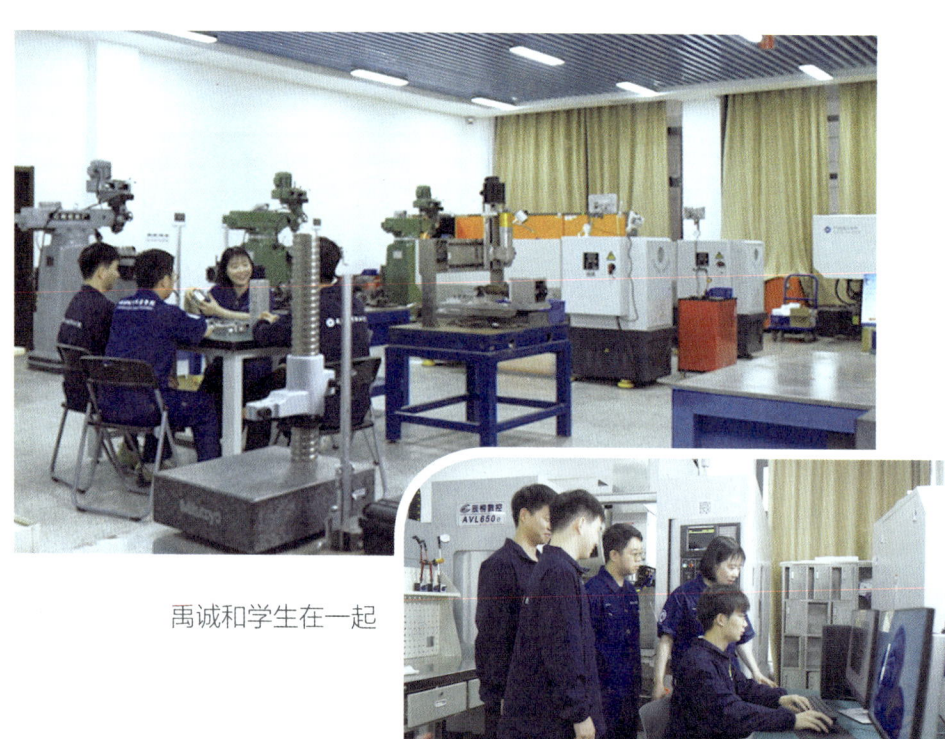

禹诚和学生在一起

> **武汉城市职业学院教授　禹诚**
>
> 和年轻的学生在一起，我发现这些学生会有很多的创意和想法。作为一名老师来说，是不断地吸取了学生的这种——我觉得是活力，我认为是学生在反哺我们。

尊重学生，以心交心。禹诚在教学中践行的以开拓学生思维能力、培养学生创新意识为目的的启智润心的教育理念，展现出教育的独特魅力。

> **中国教育学会学校文化研究分会理事长**
> **国家督学　刘可钦**
>
> 教育是一项迷人的事业，好的老师也都有迷人的智慧。教育不仅要传授知识，更要注重启发思维，培养学生的好奇心和探索欲。适合的教育才是最好的教育。在加快建设教育强国的背景下，我们更要尊重学生的差异，珍视多样，创造更多样的学习方式，传授知识、启迪智慧，点化生命。

让每一个学生都成为最好的自己，拥有人生出彩的机会，是"启智润心、因材施教"的育人智慧，也是教育家精神的重要组成部分。从新中国成立初期的扫盲运动，到新时代的盲童乐手、数控梦之队，无数教育者在这种精神的引领下，为无数人点亮了前行的火炬，为他们指引了前行的方向。

教无定法，贵在得法，启发诱导，开启心智。

——马景武

教育家小传

马景武

1935—2016

河南南阳人

教育工作者。长期扎根基层教育，致力于教学方法探索。在教学中，他不拘泥于传统，善于根据学生特点启发诱导，让学生主动思考。他深入钻研教材与学情，总能找到最适合学生的教学方法，激发学生学习兴趣，开启学生智慧之门。他以独特的教育智慧和对学生负责的态度，为当地培养了众多人才，在基层教育领域留下深刻印记。

马景武：特教拓荒写大爱

在新中国教育史上，马景武的名字与一场持续数十年的"文化垦荒"紧密相连。这位从河南南阳蔡庄村走出的农民教育家，用自创的209件教具、朗朗上口的《扫盲歌》和"三步走"教育战略，在职业教育荒原上耕耘出一片绿洲。他不仅是扫盲运动的践行者，更是职教理念的革新者，其因材施教的教育智慧至今仍在乡土中国回响。

扫盲火种点亮乡村

1952年春，蔡庄村祠堂改建的教室里，32名学员围坐在用土坯垒成的"课桌"旁。马景武把自制的"识字泥凳"搬到教室中央——每块泥板上刻着常用汉字，用草木灰填充凹槽。当教到"日"字时，他举起太阳形状的木牌："大家看，太阳升起来就是'日'，咱们要像太阳一样用知识照亮生活。"这种"具象化教学"让村民们豁然开朗，连70岁的王奶奶都学会了写自己的名字。

为解决成人学员记忆力差的问题，马景武编创了200多首识字歌谣。"大雨落在横山上，雪字记心上""二小二小头上长草，蒜字不会忘"等顺口溜在田间地头传唱。他自制的"便携式识字简筒"里装着字卡，供学员们农闲时随时抽卡认读。1957年，当验收组宣布蔡庄村成为全县首个脱盲村时，村民们抬着自酿的黄酒涌进马家小院，马景武却躲在牛棚里修改教案，他说："扫盲只是第一步，要让乡亲们学会用知识改变命运。"

从脱盲到致富的跨越

1980年寒冬，马景武在村头老槐树下召开动员会："咱们脱盲了，但还要脱'科盲'！"他腾出自家三间土坯房，创办了全县首个农民技术学校。没有教材，他就骑着自行车到县农业局抄录资料；没有教具，他用竹片制作"二十四节气演示盘"。当讲到"清明前后，种瓜点豆"时，他带着学员在试验田里对比不同播种时间的出苗率。

村民张大柱起初对学习不以为然，直到马景武用"农民生产谚语箱"教他识别病虫害——"麦倒一把草，谷倒一把糠，你这麦子得了赤霉病，得赶紧打药"，他半信半疑地照做，果然保住了收成。从此，他成了技术学校的"编外教师"，带着全村发展起300亩优质小麦种植基地。1985年，蔡庄村人均收入比5年前翻了两番，马景武却把县里奖励的500元奖金全部换成农业科技书籍，堆满了学校的图书角。

让知识"看得见摸得着"

在马景武的工作室里，209件自制教具见证着他的教育智慧。"速成识字法"教具箱里，每个汉字都被拆解成部件，学员通过拼装木块理解字形结构；"直观教学大型画册"用连环画的形式讲述《三国演义》，配以生字注音和历史背景说明。最令人

马景武利用教具讲授知识

称奇的是"一条龙巩固箱":打开木箱,十二生肖木偶依次弹出,每个木偶的背面写着需要复习的汉字,学员需按顺序排列才能打开下一层。

这些教具的背后是马景武的无数个不眠之夜。1983年,为制作"农作物生长周期模型",马景武连续3个月蹲在农田观察,用陶土塑造出小麦从播种到收割的12个阶段模型。女儿马大林回忆:"父亲的手常年裂着口子,指甲缝里永远有洗不净的泥巴,但他的眼睛总是亮晶晶的,说每个教具都是打开知识大门的钥匙。"

照亮千万人的精神灯塔

1999年,当马景武带着自创的"识字歌"登上中央电视台推出的公益广告时,全国观众都记住了这个"扫盲教育家"。广告播出后,各地来信如雪片般飞来,他总是一一回复,还自费购买300套教具寄往贫困山区。在生命的最后10年，他把自家宅院改造成"科教图书室"，4万册藏书涵盖农业技术、法律读本和儿童读物，每周举办的"科技夜校"座无虚席。

如今，蔡庄村的村史馆里陈列着马景武用过的教具：磨出毛边的识字卡片、褪色的歌谣手抄本、刻满字迹的泥凳。村口"文化科技示范村"的石碑旁，新落成的"景武教育基金"办公室正在接受社会捐赠。这个由马景武家人发起的公益项目，已资助300多名贫困学子完成学业，培训乡村教师200余人次。

从16岁创办扫盲班到81岁离世，马景武用三尺讲台托举起5000多个家庭的希望。他发明的209件教具、编写的40万字教材，共同构成了一座精神丰碑。当乡村振兴的号角吹响，这位"特教拓荒者"的故事仍在续写——在中原大地的田间地头，在偏远山区的教室课堂，无数教育工作者正沿着他的足迹，用知识之光照亮更多人的生命。

教是为了达到不需要教。

——叶圣陶

第三篇 启智润心 因材施教

教育家小传

叶圣陶

1894—1988

江苏苏州人

现代作家、教育家。一生致力于语文教育改革，提出诸多先进教育理念。"教是为了达到不需要教"体现了他对教育本质的深刻理解，强调培养学生自主学习能力。他重视语文工具性与人文性的统一，编写多部教材。其教育思想影响深远，为语文教育发展指明方向，激励一代又一代教育工作者探索教育真谛。

叶圣陶：语文为舟渡众生

在中国现代教育史上，叶圣陶的名字如同一座灯塔，照亮了语文教育的改革之路。这位从苏州平民家庭走出的教育家，以"教育是唤醒，非塑造"为核心理念，在语文教育的原野上深耕细作，用因材施教的方法为无数学生播撒下思维的种子。他的教育实践跨越半个多世纪，却始终闪耀着人性的光辉与智慧的光芒。

让知识在泥土里生根

1917年，叶圣陶走进苏州甪直镇的吴县第五高等小学，开启了一场教育革命。他打破传统教科书的束缚，自编国文教材，将莫泊桑的《项链》、魏学洢的《核舟记》等中外经典纳入课堂，更在每篇课文后附题解、注释与练习，引导学生自主探究。他深信："教育的根是苦的，果实是甜的。"这种以学生为本位的教材改革，让知识不再是纸上谈兵，而是成为学生手中可触摸、可思考的工具。

在甪直，叶圣陶将教育从书本中解放出来。他带领学生挥锄开垦荒地，创办"生生农场"，让瓜果蔬菜的生长成为最生动的自然课。春种秋收间，学生不仅体会"粒粒皆辛苦"的深意，更在合作中领悟责任与分享。他还在校园内设"博览室"，开辟诗文、书画专栏，甚至将音乐室与篆刻室结合，让学生刻图章、写诗文，在实践中感受艺术的魅力。

叶圣陶更将课堂搬进茶馆与市井。他组织学生调查茶馆，观察人间百态，将社会现实转化为写作素材。这种"从生活中来，到生活中去"的教学理念，在小说《多收了三五斗》中得以升华——他以甪直万盛米行为原型，揭露谷贱伤农的社会现实，让文学成为反映民生的镜子。通过茶馆调查、戏剧排演、恳亲会展示，学生逐渐学会观察、思考与表达，最终实现"自能读书，不待老师讲"的境界。

作文教学上的"商量"艺术

叶圣陶在作文教学中独创的"商量"艺术，通过平等对话与过程引导，实现"不教而教"的教育境界。

以对肖复兴的教导为例。叶圣陶对肖复兴的作文《一张画像》的修改堪称典范：他不仅用红色符号标注出"一幅画像""包书纸"等30余处细微调整，更通过提问式批注，如"此处为何用词重复？""能否换种句式表达？"引导学生自主反思。这种"改中有问"的方式，使肖复兴在观察修改痕迹时，逐渐领悟到"文字需如几何绘图般精准"的写作真谛。在面谈时，叶圣陶更以"你和小沫同龄"的平等姿态，通过询问各科成绩、历史朝代背诵等生活化话题，将作文指导延伸至全面发展，最终让少年肖复兴在绿意盎然的爬山虎前，深刻理解了"作文即生活"的真谛。

这样的场景，在苏州老宅的油灯下早已成为日常。叶圣陶的三个子女至善、至美、至诚记得，每个夏夜，父亲都会将植物油灯移到餐桌中央。当笔尖在稿纸上沙沙游走，一场文字的探险便开始了。"这里多了些尘土味,少了点露水气",叶圣陶总这样引导孩子们思考如何让文字更贴近生活本真。

有一次修改长子叶至善描写春游的作文,叶圣陶突然停下笔,说:"你写桃花'像天边的云霞',可早晨看到的桃花是否沾着露水?云霞是干的,露珠是湿的。"他让长子闭上眼睛想象花瓣上的水珠,再重新落笔。这种"商量式"修改,让原本呆板的描写瞬间鲜活起来。

白话文照亮童心

1932年《开明国语课本》出版时,在教育界掀起轩然大波。课本第一册第一课只有简简单单的七个字,配上书画大师丰子恺先生的绘图——"先生早,小朋友早。"

在叶圣陶看来,教育就是要从最本真的地方开始。开学那天,孩子觉得什么都既新鲜又陌生,见到老师,他们上前去鞠躬问好,老师微笑着欢迎他们。可以想象,等到上课了,孩子们发现刚才温馨的一刹那原来已经写在课本里了,他们会多么惊喜啊。用最浅显的白话文与充满温情的插图,在孩童心田播撒下求知的种子。叶圣陶深信,教育应"为人生"奠基,而白话文正是那把打开童心的钥匙。

《开明国语课本》中有大量取材于日常生活和校园生活的场景,比如小朋友与先生的课堂对答、与亲友的通信往来、去参观工厂、看妈妈缝衣服和农人种田等。对学生而言,这些事情就是发生在他们身边的真实生活,一切都很熟悉。叶圣陶就是要把传统的礼仪观念和现代社会价值观用通俗易懂的语言表现出来，让教师放下居高临下的教导姿态，与学生平等交流。

叶圣陶特别看重《开明国语课本》的文学性，他认为图书内容应该以儿童生活为中心，从儿童身边取材，逐渐拓展到广大的社会。"万年桥边小池塘，红白荷花开满塘。上桥去，看荷花。一阵风来一阵香"，这是课文《荷花》的内容。虽然只有短短的几句话，但却似一首隽永秀丽的小诗，读起来回味悠长，特别是末尾的"一阵风来一阵香"，看似是写实，却有说不出的美感。

如今重读《开明国语课本》，那些关于自然、礼仪与常识的课文，依然闪烁着智慧的光芒。白话文如春涧融冰，将深奥的道理化作潺潺清流，让孩童在鞠躬问好、观察花鸟中，习得比知识更重要的东西——对世界的好奇，对生命的尊重，以及成为"完整的人"的底气。

为三千万孩子铸舟

1950年冬的人民教育出版社，66岁的叶圣陶戴着老花镜逐字审阅教材清样。当看到《谁是最可爱的人》初稿中"松骨峰战斗"的描写时，他特意标注："要补充志愿军战士写家书的细节，让英雄形象更立体。"这种"文质兼美"的选文标准，使统编教材既收录《岳阳楼记》等经典作品，也纳入《小橘灯》等新文学作品，甚至保留了民间歌谣《茉莉花》的多种变体。

这套凝聚着叶圣陶等众人心血的教材，让西南山区的孩子通过《驿路梨花》感受人性之美，让东北少年在《土地的誓言》中理解家国情怀，真正实现了"语文为舟渡众生"的理想。

照亮代代求索者

1984年《未必佳集》出版时，89岁的叶圣陶在序言中写道："改文章也是改思想，当年和孩子们'商量'着改作文，其实是教他们如何与世界对话。"这本书收录了叶家三代与叶圣陶的"围桌改稿"实录，其中叶至美记录的《父亲教我查字典》最令人动容：1943年重庆大轰炸期间，叶圣陶在防空洞里教女儿用《康熙字典》查"燹"字，说"记住这个字，就记住了文明的脆弱与坚韧"。

在生命的最后十年，叶圣陶仍坚持审阅教材清样。当看到《荷塘月色》注释中"酣眠固不可少，小睡也别有风味"被简单解释为"比喻不同艺术境界"时，他颤抖着写下批注："要补充朱自清在清华园的真实心境，让学生理解知识分子的精神困境。"这种对教育细节的执着，直到1988年住院期间仍未停止，病床旁堆满的教材样书，成为他最后的"课堂"。

如今，在苏州甪直的叶圣陶纪念馆里，那方他当年批改作文的砚台仍泛着墨香。展柜里陈列着1932年版《开明国语课本》，泛黄的书页间，"弯弯的月儿小小的船"的童谣，与新中国统编教材里的《少年中国说》遥相呼应。从甪直五高的田间课堂到人民教育出版社的编辑室，叶圣陶用70年光阴证明：真正的教育不是灌输，而是点燃火种；语文不是冰冷的工具，而是载着人性光辉的方舟，在历史长河中永远向着光明摆渡。当春风再度吹过江南的稻田，那些被语文浸润的生命，正沿着他开辟的航道，驶向更辽阔的星辰大海。

> 每个孩子都是一颗独特的星星,因材施教才能让他们绽放光芒。
>
> ——李龙梅

教育家小传

李龙梅

1964 年出生

中学高级教师。投身特殊教育 20 余载,用爱与责任为盲童点亮希望。她坚信每个盲童都有独特天赋,坚持因材施教。在她的带领下,学校为盲童提供个性化教育,开设多种课程。她不仅关注学生的学习,更注重其心理成长。她以无私奉献的精神和卓越的教育智慧,让众多盲童找到人生方向,在特殊教育领域书写动人篇章。

李龙梅：盲童明眸引路人

在重庆南岸的群山间，重庆市特殊教育中心的操场跑道上，红、黄、绿、蓝四色线条如彩虹般延伸。视障学生们踏着这些色彩，在老师"向前三步""左转"的指令声中练习定向行走。这条被称作"心灵跑道"的特殊设计，正是校长李龙梅20余年特殊教育生涯的隐喻——她用教育智慧为视障孩子调校生命的乐章，让每个独特的灵魂都能奏响属于自己的旋律。

初遇：触摸灵魂的震颤

2001年深秋，37岁的李龙梅站在重庆市盲人学校斑驳的校门前，陈旧的教学楼、刺鼻的异味和孩子们呆滞的面容让她陷入迷茫。当她穿过走廊时，几个盲童或拄着残缺的木拐杖，或在墙上摸索着前行，木然的面容下偶尔闪过一丝对陌生人的好奇。这位倔强、好强的教育工作者，本以为只是"过渡性"的调任，却因一个孩子的触碰彻底改变了人生轨迹。

那天傍晚，她下班时被一个盲童拦住："校长，我想摸摸你的样子。"孩子颤抖的双手抚过她的脸庞，突然兴奋地说："你的皮肤真好，一定很漂亮！"这句带着童真的感叹，却让李龙梅心如刀绞——她第一次意识到，这些孩子不仅需要知识，更需要被看见、被尊重。当晚，她在日记里写道："我要成为他们的眼睛，带他们看见世界的色彩。"

破茧：用爱重塑校园生态

上任之初，李龙梅面对的是简陋的设施和封闭的师生。她带头清理堵塞的下水道，用钢丝球刷洗陈年污垢的厕所，甚至自掏腰包更换学生宿舍的破旧门窗。当家长们看到焕然一新的校园时，一位拄着拐杖的奶奶含泪说："李校长，您把学校当自己家在收拾啊！"

但真正的挑战在于打破教育的"玻璃墙"。学生小海来自巫山县大巴山深处，刚入学时性格孤僻，不愿与人交流。李龙梅跋涉500多公里家访，才发现他妈妈身患重症，爸爸常年在外打工，家里根本没人管他。她当即决定资助小海，每天陪他跑步、补习功课，甚至亲手为他剪发。后来，小海以优异成绩考入推拿职业高中，如今已成为持证盲人医师。这样的家访，李龙梅坚持了10年，累计行程3万多公里，足迹遍布重庆及周边省市30多个区县。

启航：音乐照亮生命暗河

2010年，李龙梅带孩子们聆听交响音乐会后，盲童小山的话让她彻夜难眠："萨克斯的声音让我好想哭。"这句感慨点燃了她的灵感——为何不能组建盲童管乐团？

面对视障学生无法看乐谱、无法看指挥的困境，她动员全校34名教师成为"人肉乐谱"。音乐老师张治平（全国首位盲人音乐特级教师）摸索出"触觉记忆法"：将音符转化为触觉符号，通过振动频率传递节奏。训练初期，孩子们因无法感知音准而崩溃，李龙梅就抱着他们轻声安慰："我们慢慢来，就像学走路一样。"

2011年，扬帆管乐团正式成立。没有专业排练厅，他们就在食堂里训练；没有空调，夏天就光着脚感受地板的震动来校准节奏。2015年，他们与中国交响乐团在国家大剧院同台演出；2022年，更是登上冬残奥会开幕式舞台。当《未来赞美诗》的旋律响起时，全世界都看到了：这些看不见光的孩子，正在用音乐创造光明。

深耕：特色课程唤醒潜能

在李龙梅看来，特殊教育不是"特殊照顾"，而是"特别挖掘"。她根据盲童听觉、触觉发达的特点，开始用"三维课程体系"重构特殊教育范式。

职业技能课程：开设中医推拿、盲文速录等课程，毕业生就业率达100%。学生陈山曾因尿床被同学孤立，李龙梅发现他的音乐天赋后，不仅教他9种乐器，还资助他参加高考。2019年，陈山以出色的专业成绩成为长春大学音乐学院的高才生。

艺术体育课程：组建盲人跳绳队、门球队，在全国残运会上斩获7枚金牌。啦啦操队更是在世界锦标赛中夺得亚军，刷新中国纪录。

心理疗愈课程：通过戏剧治疗、沙盘游戏等方式，帮助孩子重建自信。学生小雨曾因自卑而拒绝交流，在参与校园广播剧录制后，逐渐变得开朗，如今已成为电台特约主持人。

这套将感官潜能转化为成长动能的教育体系，让200多名盲童找到人生方向。当首批毕业生100%就业时，李龙梅在教师节收到一条特殊短信："李妈妈，我现在能听见花开的声音了。"这或许是对"特别挖掘"最好的诠释——当教育者以专业与爱为支点，就能撬动特殊儿童内心沉睡的山河。

远航：教育公平的星辰大海

2002年，李龙梅远赴长春大学争取合作，促成该校在重庆设立远程教育基地。当年，4名盲生考入长春大学，创下西部地区盲童高考零的突破。此后，她推动建立"普特融合"机制，让盲童与普通学生共同参与科技节、艺术节等活动。在2023年的全市科技创新大赛中，盲童团队研发的"触觉导航仪"获得一等奖。

更令人动容的是，李龙梅将教育火种播撒到更广阔的天地。她带领团队编写《盲童音乐教育指南》，为全国特教学校提供范本；与四川、贵州等地的特教学校结对帮扶，输送管理经验。2024年，她发起的"光明行动"为偏远山区盲童捐赠盲文图书5万册，培训特教教师200余人次。

从2001年接手时仅有40名学生的破旧学校，到如今拥有50亩现代化校园、370余名学生考入大学的全国示范校，李龙梅用行动诠释了"启智润心，因材施教"的真谛。她让盲童们明白：命运或许遮住了双眼，但教育可以点亮心灯；身体或许有残缺，但生命依然可以绽放华彩。正如冬残奥会开幕式上那震撼世界的旋律——当这些看不见光的孩子用音乐与世界对话时，他们早已成为彼此的光明。

育人如育树,需依其特性,因材施教,方能成栋梁之材。

——张晋藩

教育家小传

张晋藩

1930 年出生于辽宁沈阳

法学教育家。他是中国法制史学科奠基人,在法学教育领域贡献卓越。他秉持"育人如育树"的理念,深知每个学生都有独特的个性与潜力。教学中,他因材施教,根据学生特点引导其发展。他注重培养学生法治思维与实践能力,培养出大批优秀法学人才。其教育理念与实践,推动了中国法学教育发展,为法治建设培养众多中坚力量。

张晋藩：法史育人传薪火

1949年10月1日，19岁的张晋藩站在天安门广场的人群中，听着毛主席庄严宣告中华人民共和国成立。在人群的欢呼声中，他握紧拳头，暗自立誓："要用一生守护中华法脉。"70多年后，这位中国政法大学终身教授用千万字著作、百余名博士生和"人民教育家"国家荣誉称号，兑现了当年的诺言。

在历史废墟中寻找法治火种

少年时期，张晋藩生活在伪满洲国统治下的阴影里。小学历史课上，日本教师将所谓"满洲国"历史粉饰为"王道乐土"，却对《史记》《汉书》只字不提。这种"灭人之国，必先去其史"的伎俩，让少年张晋藩十分愤慨，他在父亲的书柜里疯狂寻找真相——泛黄的《三国演义》线装本里，关羽"夜读春秋"的插图旁，父亲用蝇头小楷写着："法者，天下之程式，万事之仪表。"

1948年，他随东北中正大学迁至北平。流亡学生大游行中，18岁的张晋藩高举"我们要读书"的标语，与国民党军警对峙。当子弹擦过耳际时，他突然明白：法律不仅是文字，更是民族存续的脊梁。次年，他考入华北文科大学。他常在学校图书馆抄录《大清律例》等古籍直至深夜，一次管理员发现这个瘦削的青年趴在《宋刑统》上睡着了，砚台里的墨汁结成冰碴。

用史料凿穿学术偏见

1952 年，中国人民大学研究生毕业留校的张晋藩，面对的是苏联专家主导的"四段论"法学体系。在讲授"中国国家与法权历史"时，他发现教材将唐代法律制度压缩为 3 页，却用 20 页描述"封建地主阶级的剥削本质"。当学生质疑"中国古代是否有民法"时，他翻出《敦煌敕残卷》中关于土地买卖的契约，用放大镜指着褪色的朱批说："看，这比《法国民法典》早了将近 900 年！"

1979 年，中国法律史学会成立大会上，49 岁的张晋藩拍案而起："不能让子孙后代到外国学习中国法制史！"他牵头组建 37 人编撰团队，在故宫档案馆、敦煌研究院、云南少数民族村寨间奔波。为考证元代"烧埋银"制度，他带着学生在内蒙古草原寻找元代驿站遗址，被蚊虫叮咬得满身红疹仍坚持记录碑文。历经 19 年，十卷本《中国法制通史》问世，至此西方学者"中国古代无法典"的论断不攻自破。

让古籍"活"在辩论中

在中国政法大学的教室里，张晋藩的"中国法制史"课永远座无虚席。他摒弃照本宣科，将《唐律疏议》中的"同居相为隐"原则抛给学生："如果你是包拯，面对犯法的侄子，会选择法律还是亲情？"讨论往往持续到深夜，学生朱勇（现中国政法大学教授）回忆："有次争论到凌晨两点，张老师突然说'肚子饿了，我请客'，带我们去校门口吃炸酱面，面条上还撒着葱花，就像他讲课时突然冒出的幽默。"

对于博士生论文，他坚持"三不原则"：不替学生选题、不代拟提纲、不修改观点。2003级博士生李青（现某高校法学院院长）曾因论文被批"逻辑混乱"而崩溃，张晋藩却递来《资治通鉴》："司马光写史，19年方成。你急什么？"3年后，这篇探讨清代秋审制度的论文获全国优秀博士论文奖。颁奖典礼上，李青望着台下满头白发的导师，终于读懂那句"论文不是写出来的，是熬出来的"。

在病历本上写批注

2015年深秋，85岁的中国法律史学奠基人张晋藩因视网膜脱落在北京同仁医院接受手术。术后恢复期，这位本应静养的老人却偷偷将学生论文藏在枕下，趁着护士查房间隙，用特制的12倍放大镜逐行审阅。护士无意间翻开他的病历本，发现背面密密麻麻写满批注——"此处可补充《大明会典》户部条文""需考证清代'存留养亲'制度源流"，甚至用不同符号标注出逻辑漏洞与文献依据。当中国政法大学教授王人博含泪劝阻时，张晋藩扶了扶老花镜笑道："1955年侯外庐先生患肝腹水仍拄拐登台，我搀着他从东单小雅宝胡同走到教室，现在不过学学先生的风骨。"

这种"润物无声"的教育，让许多学生终身难忘。1984级博士生高其才（现清华大学法学院教授）记得，张晋藩带他们去山西平遥古城考察，指着县衙大堂的"明镜高悬"匾额说："法律不是冰冷的条文，要像老中医'望闻问切'般体察民情。"

如今，高其才在民族地区调研时，总会想起导师当年在云南村寨与摩梭人长老围炉夜话的场景。

九旬仍开"新生第一课"

2024年9月，94岁的张晋藩拄着拐杖走上讲台，为2024级博士生讲授"新生第一课"。投影仪将《云梦睡虎地秦简》放大在幕布上，他颤巍巍地指着"为吏之道"的竹简说："看这'五善五失'，和今天的公务员考核标准何其相似！"课后，学生搀扶他离开时，他突然问："你们知道《大明律》首创'奸党罪'的背景吗？"见众人愣住，他狡黠一笑："下周讨论课，每人准备十分钟的发言。"

这种"永远在提问"的教学风格，培养出独特的"张门气象"。他的博士生中，有深耕民族法史的云南大学教授方慧，有推动法治文化研究的华东政法大学教授王立民，还有将法律史融入普法教育的基层法官。正如学生霍存福（现沈阳师范大学教授）所言："张门弟子像星星，散布在法治建设的各个角落，但都带着导师给的火种。"

教育要走进学生心灵,因材施教才能让每个学生都成长。

——李庾南

教育家小传

李庾南

1939年出生于江苏南通

  初中数学特级教师。从教60余年,坚守教学一线。她认为教育不仅是知识传授,更要走进学生心灵。在教学中,她仔细观察学生,因材施教,让每个学生都能在数学学习中找到乐趣与自信。她创立了"自学·议论·引导"教学法,培养学生自主学习能力。她以高尚师德与精湛教艺,成为学生成长引路人,为初中数学教育发展做出杰出贡献。

李庾南：自学议论引活水

1957年深秋，18岁的李庾南站在南通启秀中学的讲台前，望着台下比自己小不了几岁的学生，攥着粉笔的手微微发抖。这个因家境贫寒放弃大学梦的姑娘不会想到，她将用"自学·议论·引导"教学法浇灌出百万棵幼苗，更以"连续任职时间最长的班主任"之名载入吉尼斯世界纪录。

在"满堂灌"的坚冰中凿出裂缝

20世纪70年代末，南通二中的教室里，李庾南将三角板重重拍在讲台上："为什么学生听得懂却不会做题？为什么教师讲得累学生学得苦？"彼时"填鸭式"教学盛行，她却在观察中发现：学生记满笔记的课本下，藏着武侠小说和连环画。

1978年寒冬，李庾南带着数学组教师开始"学生自学数学能力及其培养"实验。没有现成教材，她就自己编写导学案；缺乏理论支撑，便利用暑假赴扬州师范学院接受专家辅导。一次公开课上，她让学生分组讨论"如何用方程解决买菜问题"，后排男生突然举手："老师，我爷爷卖菜从不记账，但算账比算盘还快！"这个插曲让她意识到：生活才是数学的源头活水。

实验初期阻力重重。有老教师嘲讽："不讲怎么行？学生能自学还要老师干什么？"李庾南却坚持"把课堂还给学生"。她将学生按认知水平分成基础组、提高组、创新组，设计阶梯式任务单。当看到原本沉默的农村女孩小芳在"抛物线与篮球轨迹"的讨论中侃侃而谈时,她知道,坚冰正在消融。

让思维在议论中奔涌

1984年,在全国数学教学研究会第二届年会上,51岁的李庾南执教的《反比例函数》课例引发教育界震动。当她让学生记录一周家庭收支,用"余额＝收入－支出"的公式计算零花钱时,原本沉默的教室突然沸腾——有学生发现,按照公式计算,即使每天节省5元,月末余额仍比妈妈给的零花钱少23元。这个发现像投入水面的石子,激起了"为什么妈妈总说钱不够花"的热烈讨论。李庾南顺势引导学生分析固定支出与可变支出的比例关系,当孩子们恍然大悟——"原来数学能解释生活谜题"时,课堂爆发出会心的笑声。这种"生活数学"教学法,让启秀中学的数学平均分3年内从全市中游跃居榜首。

但李庾南的革新从未停步。针对小组讨论中"学霸垄断话语权"的顽疾,她设计出"角色轮换制":每日抽签决定记录员、质疑者、总结者、拓展者四职。口吃男孩小张在担任"质疑者"时,颤抖着举起手指出组长解题的漏洞,全班自发鼓掌的瞬间,这个总把"但是"说成"但但"的孩子,眼睛里亮起了从未有过的光芒。半年后,他不仅克服了语言障碍,更在全市数学竞赛中以独特解法斩获二等奖。

2010年深秋,71岁的李庾南在南通电视台录制教学视频时,坚持用"买菜算账"的例子讲解百分数。镜头外,她握着助理的手说:"抽象公式就像晒干的鱼,得泡在生活的汤里才鲜美。"这句朴素的比喻，正是她"学材再建构"理论的核心——将知识切割成生活化的模块，构建出"问题引发兴趣、情境激活思维、生活验证理论"的教学闭环。当摄像师提醒"超时2分钟"时，老人固执地重讲了一遍例题，皱纹里都浸着对教学的虔诚。这种将数学根须深深扎进现实土壤的理念，最终被写入教育部教师培训教材，影响了几代数学教育工作者的教学观。

在心灵田野播撒阳光

在启秀中学，李庾南的办公室永远向学生敞开。学生小林曾因早恋成绩下滑，李庾南没有说教，而是带他去养老院做义工。看着孤寡老人颤巍巍地接过水果时的笑容，小林突然说："老师，我想明白了，真正的爱是让自己变得更好。"3年后，他以全校第三的成绩考入复旦大学。

对于特殊学生，李庾南更显慈母情怀。智力发育迟缓的小辉刚入班时总被嘲笑，她便在班会课上讲《阿甘正传》，并安排学生与小辉结成"互助小组"。当小辉在数学考试中首次及格时，李庾南特意买了蛋糕庆祝。如今，已成为超市收银员的小辉常回校看望李老师，他说："是李老师让我相信，我也能发光。"

这种"以爱育爱"的理念渗透在班级管理的每个细节。她坚持每天放学前与学生"三分钟谈心"，二十年如一日；她为每个学生建立"成长档案"，记录点滴进步；她甚至自费为贫困生购买教辅资料。正如她所说："教育不是雕刻，而是唤醒。"

构建"自学·议论·引导"生态体系

37年的教改生涯,李庾南的初中数学全程实验研究已进行了12个循环。历经"学生数学自学能力及其培养""优化学习过程、改善教学结构""'自学·议论·引导'教学法""学力的形成与发展"等8个阶段的探索实践,实现了由单纯研究教师"教"到研究学生"学"的转变,"自学·议论·引导"教学法与新课改提倡的主动学习、合作学习、探究学习不谋而合。

2014年,"自学·议论·引导"教学法获首届国家级教学成果奖一等奖。评审专家评价:"该成果破解了'教师满堂灌、学生被动学'的顽疾,为课堂教学改革提供了可复制的范式。"如今,该教学法已在全国400余所实验学校推广,惠及师生超百万。

但李庾南清醒地认识到:"教学法不是灵丹妙药,关键在教师如何用。"她创立"李庾南数学教学研究所",亲自带教青年教师。南通市实验中学教师王芳记得,李老师听她的课时,在教案上密密麻麻地写下批注:"讨论环节要预留'冷场时间',让学生充分思考;提问应避免'是不是''对不对',多用'为什么''怎么办'。"

让教育智慧永续传承

2023年,84岁的李庾南凭借"班级育人60年"再获国家级教学成果奖一等奖,成为全国两获该奖项的第一人。颁奖典礼上,她动情地说:"我最大的奖赏,是看到学生眼里的光。"

如今，这位耄耋老人仍坚持每周上 7 节课。她的办公室挂着学生送的书法作品："三尺讲台育桃李，一支粉笔写春秋。"但她说自己更像"引水人"——将生活之水引入课堂，让思维之泉在议论中奔涌，最终汇成滋养生命的江河。

从青丝到白发，从"姐姐班主任"到"奶奶班主任"，李庾南用 67 年光阴证明：真正的教育不是灌输，而是点燃火焰；不是修剪枝叶，而是培育根系。当"自学·议论·引导"的活水滋润更多心田时，这位教育摆渡人仍在扬帆远航，因为她始终相信："每个孩子都是一座宝藏，教育的使命就是帮他们找到打开宝库的钥匙。"

尊重差异，因材施教，让每个孩子都能在适合自己的土壤中成长。

——崔利玲

教育家小传

崔利玲

学前教育专家。投身幼儿教育多年，秉持先进教育理念。在幼儿园，她营造多元教育环境，提供丰富课程，满足不同幼儿发展需求。她注重培养幼儿综合素质，倡导游戏化教学。她以爱心与智慧，为幼儿成长奠定坚实基础，在幼儿教育领域发挥引领作用。

崔利玲：童趣课程润童心

在南京鼓楼幼儿园的百年历史长河中，崔利玲如一盏明灯，以"活教育"思想为根，将陈鹤琴先生的教育理念转化为生动的课程实践。她带领团队构建的童趣课程体系，让教育回归儿童本位，用鲜活的课程滋养童心，在幼教领域树立起一座中国化、科学化的里程碑。

在旧纸堆里寻找活教育的基因

20世纪90年代的鼓楼幼儿园，仍在分科教学。崔利玲在整理档案时发现，1923年陈鹤琴创办的中国第一所实验幼儿园，曾用"五指活动"（健康、社会、科学、艺术、文学）打破学科壁垒。她如获至宝，却也深知"复古"绝非出路。

1995年，崔利玲带领团队开展"单元课程本土化"实验。没有现成教材，她就带着教师蹲在幼儿园的紫藤架下，记录孩子们观察蚂蚁的行为。当发现孩子们自发用树枝丈量蚂蚁的行进路线时，她立即调整课程方案，将数学测量融入自然观察。这种"从儿童行为中捕捉课程生长点"的做法，让传统单元课程焕发新生。

实验初期阻力重重。有老教师质疑："让孩子自己玩，能学到什么？"崔利玲不反驳，而是默默记录下中班孩子乐乐用积木搭建"南京长江大桥"的全过程：从最初的单层结构，到加入拱形桥洞，最后用纸板模拟江面波浪。当乐乐在展示会上用稚嫩的声音解释"桥墩要承受压力"时，质疑者沉默了。

让课程在儿童指尖生长

2003年，鼓楼幼儿园的教室开始发生"静悄悄的革命"。崔利玲将活动室改造成"游戏超市"，每个区域配备可移动的万向轮游戏柜。美工区的颜料罐、建构区的乐高积木、科学区的放大镜，都像等待被唤醒的精灵。

这种改变源于一次意外发现。小班孩子阳阳总在午睡时偷偷捏橡皮泥，崔利玲没有制止，反而为他开辟了"泥巴工坊"。当阳阳用泥巴捏出全家福时，她意识到：儿童的兴趣就是最好的课程资源。随后，"泥巴工坊"升级为"材料实验室"，孩子们可以用面粉、盐、水制作可塑材料，在失败中探索科学原理。

在课程实施上，崔利玲发明"弹性课时制"。她发现大班孩子对"影子"现象兴趣浓厚，便将原定40分钟的科学课延长至90分钟，带领孩子们在操场上追逐影子、用彩纸制作日晷。这种"以儿童兴趣为导向的课程生成"模式，后来被总结为"70%预设+30%生成"的黄金比例。

在游戏中播撒生命的种子

在鼓楼幼儿园，每个孩子都有专属的"成长档案袋"。崔利玲要求教师用照片、视频、作品记录儿童的发展轨迹。2010届毕业生小雨的档案里，保存着她从"不敢说话"到"自信主持"

的蜕变过程：从最初躲在角落观察，到在"小剧场"扮演害羞的小兔子，最后主动报名参加毕业典礼主持人。

对于特殊儿童，崔利玲更显教育智慧。孤独症儿童浩浩刚入园时，总在墙角重复拍手。崔利玲没有强行干预，而是观察发现他对音乐敏感，便在音乐区投放非洲鼓。当浩浩第一次用鼓点回应教师弹奏的《小星星》时，在场的所有人都红了眼眶。如今，浩浩已成为特教学校的架子鼓手。

这种"以爱育爱"的理念渗透在每个细节中。幼儿园的"心情气象站"里，孩子们用表情贴纸记录每日心情；午睡室的"悄悄话信箱"，装满孩子们写给园长妈妈的信；就连食堂的菜谱，都会根据孩子们在"美食节"上的投票调整。正如崔利玲所说："教育不是雕刻，而是唤醒。"

让传统与现代在童趣中交融

2015年，当电子屏幕充斥着幼儿园时，崔利玲却坚持"科技为童趣服务"。她带领团队开发"AR自然探索"课程，孩子们用平板电脑扫描校园里的植物，就能看到3D生长动画。但更让她骄傲的，是孩子们在"自然笔记"中手绘的蒲公英——那些歪歪扭扭的线条里，藏着对生命最本真的感知。

在课程评价上，崔利玲首创"游戏故事"评估法。她让教师用文字、图画记录儿童游戏中的关键事件。大班孩子轩轩在"超市游戏"中，从最初的"乱拿商品"到学会"排队结账"，教师用连环画记录这个过程。期末家长会上，当轩轩妈妈看到这些"游戏故事"时，激动地说："原来我的孩子这么会思考！"

这种"过程性评价"体系,让每个孩子都能找到闪光点。内向的朵朵在"建构区"搭建出复杂的立交桥,被评价为"空间思维小达人";爱动的豆豆在"角色区"扮演交警,展现出优秀的组织能力。正如崔利玲所言:"每个孩子都是一颗独特的种子,教育要做的,是提供适合他们的土壤。"

让童趣课程滋养更多生命

如今,"鼓楼单元课程"已惠及全国 200 余所幼儿园。崔利玲培养的"种子教师",像蒲公英般将教育智慧播撒四方。云南山区的幼儿园用"竹编工坊"传承非遗文化,内蒙古的幼儿园在"草原牧场"开展生命教育,这些创新实践都印证着崔利玲的教育哲学:课程没有标准答案,只有适合儿童的才是最好的。

在鼓楼幼儿园的"活教育"博物馆里,陈列着崔利玲用过的备课笔记、孩子们的游戏作品,还有一封 2015 届毕业生的信:"亲爱的园长妈妈,我长大后也要当幼儿园老师,像您一样让孩子们的眼睛里有星星。"这或许是对她教育生涯最好的注脚——用童趣课程守护童心,让每个生命都绽放独特的光彩。

从重启单元课程到构建现代童趣教育体系,从关注儿童行为到培育完整人格,崔利玲用 37 年光阴证明:真正的教育不是灌输知识,而是点燃火焰;不是修剪枝叶,而是培育根系。当"活教育"的清泉滋润更多心田时,这位教育摆渡人仍在扬帆远航,因为她始终相信:"每个孩子都是一座宝藏,教育的使命就是帮他们找到打开宝库的钥匙。"

每个学生都是独一无二的，因材施教才能雕琢出他们最美的模样。

——禹诚

教育家小传

禹诚

武汉职业技术学院教授。她在职业教育领域深耕多年，是数控技术专业教学名师。教学中，她根据学生专业基础与兴趣制定个性化教学方案。她注重实践教学，培养学生动手能力与职业素养。她以严谨的治学态度和对学生高度负责的精神，培养了众多高素质技术技能人才，在职业教育界树立了榜样。

禹诚：职教匠心筑梦人

在职业教育这片被视为"教育洼地"的领域，禹诚以30多年如一日的坚守，将"工匠精神"镌刻进每一道机床轨迹，用匠心铸就了万千学子的技能人生。这位集全国先进工作者、全国模范教师、全国"最美教师"等荣誉于一身的职教老兵，正以"大先生"的格局，书写着新时代职业教育的华章。

在"无人区"开辟数控新天地

1993年，禹诚从华中科技大学机械工程系毕业后，放弃了沿海城市的优厚待遇，选择当一名中职教师。2000年数控技术兴起，禹诚敏锐捕捉到行业潜力，毅然投身其中，以"挖空心思，削尖脑袋"的劲头钻研。她深知，要培育"大国工匠"，自己得先成为行家里手。

2005年暑假，禹诚带领学生备战湖北省数控技能大赛。他们白天泡车间，晚上住宿舍，一次次地做样件、检查、重做……当其他学校的选手在空调房里训练时，她的学生却在40℃的车间里挥汗如雨。2006年3月，这支"草根团队"一举获得团体第一名、四个单项金牌、三个单项前三名，成为当年比赛最大"黑马"。

这场胜利，得益于是禹诚独创的"阶梯式训练法"：从简单钥匙扣到复杂模具，从手工编程到智能加工，每个项目都设置"跳一跳够得着"的目标。学生钟波曾因偏科自卑，禹诚却从他拆装玩具的专注中发现其机械天赋，特意为他设计"个性化零件"——在齿轮上雕刻星座图案。这一作品不仅让钟波重拾信心，更是在 2008 年全国大赛中斩获银奖。

在车间里锻造"大国工匠"

在禹诚的数控车间里，永远摆放着三个特殊的工具箱：一个装满学生设计的创意零件，一个收藏着历届大赛奖牌，还有一个贴满学生照片的"感恩箱"。2017 届毕业生王宏旭的照片旁，写着"没有禹妈妈，就没有今天的我"。这个曾因家庭贫困想辍学的男孩，在禹诚的资助下完成学业，如今已是某航天企业的技术骨干。

禹诚的"严师慈母"形象，体现在无数细节中。她要求训练时"零误差"，却会在学生生日时悄悄准备蛋糕；她规定"手机禁止入车间"，但总在深夜回复学生的技术咨询。2020 年，学生李金铭获世界技能大赛湖北省选拔赛参赛资格。备赛时，他身心承受巨大压力，比赛中还不慎划伤手，但凭借高强度训练形成的肌肉记忆，最终获得第二名。然而，父亲病重、弟妹尚幼，家庭的重担让他在继续求学和就业之间陷入纠结。禹诚得知后，毫不犹豫地自掏腰包，资助李金铭继续学业。

禹诚对学生的关爱还体现在生活的点滴中。2020 级毕业生张杨痴迷模具设计和数控加工专业，大一时便获全国职业院校技能大赛一等奖。备赛冲刺阶段，夏天炎热，男生洗衣服不便，禹诚把自家洗衣机搬到学校；疫情吃紧时，学校食堂关门、外卖停送，她自费给学生买吃的和紧缺药物，还拿来自家电饭煲。

禹诚对学生的要求极为严格，她常说："做产品，只有合格与不合格两种；没有差不多、大概可以，必须达到100%的精确度！"她以实际行动引导学生追求极致，培养工匠精神。

2021年3月，她带领学生冲刺全国高职"模具数字化设计及制造工艺"大赛，指导2名学生斩获全国一等奖，创下湖北模具专业历史最佳成绩。

在课程中植入家国基因

2021年，禹诚带领团队开发的"产品创新设计与开发"课程入选教育部课程思政示范课程。这门课有个特殊环节：学生需为抗疫英雄设计纪念徽章。当得知学生将黄鹤楼、樱花、听诊器等元素融入设计时，禹诚提醒："技术可以复制，但情感无法复制。要让每个零件都带着温度。"

这种"课程思政"理念贯穿禹诚的教学始终。在数控编程课上，她引入"蛟龙号"深潜器零件加工案例；在模具设计课中，她展示国产大飞机C919的钛合金构件。2023年，她指导学生完成的"长征火箭燃料输送系统精密零件"项目，精度达到0.005毫米，相当于头发丝的1/20。当企业开出百万年薪聘请学生时，禹诚却建议他们先到基层车间锻炼："大国工匠不是天生的，是在千万次打磨中炼成的。"

对于特殊学生，禹诚更显教育智慧。有孤独症倾向的学生小林对机械振动异常敏感，禹诚便让他负责数控机床的精度检测。当小林通过触觉判断出0.01毫米的误差时，禹诚在全校大会上表扬:"这就是未来的'机械耳朵'!"如今,小林已成为某精密仪器公司的质检专家。

在接力中培育职教火种

2020年,禹诚调任武汉城市职业学院机电工程学院院长。她做的第一件事,是建立"双师型"教师工作坊。每周三下午,青年教师都要带着教学难题来"问诊"。青年教师曹佳燕记得,自己首次参赛时因紧张忘词,禹诚连夜陪她修改教案,甚至模拟评委提问:"如果学生操作失误,你怎么处理?"这种"沉浸式指导"让曹佳燕在次年省赛中斩获一等奖。

禹诚不仅在教学上成果卓著,更以实际行动诠释着对学生的关爱与对品质的执着追求。一次,她带领四五个学生为韩国公司做食品盒。初时,韩国公司内部质疑声不断,本没抱多大期望。但禹诚和学生们没有气馁,他们一遍又一遍调试,在电脑前精心设计,在机床上反复操作。冷冻液腐蚀着双手,皮肤不停地掉皮,可他们没有丝毫退缩。最终完成的产品惊艳众人,内部如抛光般光滑,让韩国公司人员惊叹不已。

这种"产教融合"模式,让禹诚培养出3000余名高技能人才。她的学生中,有全国技术能手周强,有湖北省"五一劳动奖章"获得者李杰,更有扎根基层的"技术标兵"王建国。在2024年全国教育工作大会上,"武汉城市职业学院数控梦之队"被作为典型案例推介,教育部领导评价:"禹诚团队证明了,职业教育同样能培养'国之重器'的铸造者。"

在时代浪潮中永葆初心

尽管荣誉等身，禹诚仍保持着三个习惯：每天提前1小时到车间检查设备，每周至少听3节青年教师的课，每月家访2名困难学生。谈起二十几年的教育生涯，禹诚表示，数控专业是自己人生价值的载体，而学生则是幸福的源泉："我是个勤奋踏实的人，和学生一起，是最踏实的。"

从"禹姐姐"到"禹妈妈"，禹诚用行动证明：职业教育不是"二流教育"，而是托举"中国制造"的重要基石；职教教师不是"教书匠"，而是点亮梦想的筑梦人。当数控机床的轰鸣声与学生的欢笑声交织，这位职教匠心筑梦人仍在书写新的传奇——因为她始终相信："每个孩子都是未被雕琢的璞玉，教育的使命，就是让他们绽放独特的光芒。"

躬耕态度
GONGGENG
TAIDU

第四篇

勤学笃行　求是创新

勤学笃行、求是创新，
正是凭借这样的精神，
无数教育家在时代变革中并没有因循守旧，
而是主动适应时代变革的要求，
让中国的教育事业一次次迈向了崭新的起点。

20世纪70年代末以来,许多教育家勤学笃行、求是创新,积极投身教育改革,让中国的教育事业掀开了新的一页,让中国教育迎来了一个又一个春天。

扫码观看

1977年10月21日,《人民日报》头版头条发布了一则新闻——《高等学校招生进行重大改革》,正式宣告恢复高考。同一天,《人民日报》刊发社论——《搞好大学招生是全国人民的希望》。新闻和社论犹如一声春雷,为无数青年学生打开了一扇希望之门,也让沉寂已久的中国教育界为之欢欣鼓舞。

如果说高考的恢复是对动荡时期错误的拨乱反正,那么随后而来的改革开放则给中国的教育界带来了一场全新的思想变革。在高考恢复后仅仅一年,党的十一届三中全会在北京召开,做出把党和国家工作中心转移到经济建设上来,实行改革开放的历史性决策。在那个充满革新的时代大潮中,中国的教育事业也迎来了翻天覆地的变化。

1977年10月21日的《人民日报》头版头条和社论

高等教育的璀璨丰碑

精神提炼‖破界深耕扎沃土，改革理论育英才

今天的华中科技大学，是一所享誉海内外的双一流综合性大学。而在 70 多年前，这里只是一所结构单一的工科院校——华中工学院。当时担任学院领导职务的朱九思，带领老师们进行了大量的调查，在和世界知名大学进行对比之后，他提出了办学方向的改革方案，那就是把华中工学院办成一所以理工科为主的综合性大学。当改革开放的春风吹拂中华大地的时候，朱九思的办学思想逐渐开花结果，芳香满园。

> **华中科技大学档案馆馆长　范智新**
>
> 我们在后来的党代会报告当中，明确把华中工学院办成一个理工为主、文管相结合的综合性大学，后来又很明确地提出办成世界一流的综合性大学。

"大学之本在教师，大学之路在综合，大学之源在科研，大

20 世纪 70 年代的华中工学院校门

朱九思在华中工学院开学典礼上讲话　　　　1982年的朱九思

学之魂在学术自由。"秉持着这样的办学理念，朱九思和学院的老师们开始在理想之路上一点点前进。

> **华中科技大学教育科学研究院原副院长　沈红**
>
> 他趁着这个机会在社会上不拘一格地引进人才，有600多个老师。这600多个老师都是学校恢复办学时最重要的力量，各学科的系主任都是从这些人里面产生的。

随着各种师资力量源源不断汇聚而来，朱九思为华中工学院绘制的创新蓝图逐一展开。他提出的"科研是大学之源，以科研引领教学"的办学思路，在当时具有开创性。

> **华中科技大学教育科学研究院原副院长　沈红**
>
> 他说科研是源，教学是流。他说老师要做科研，那么做出来的科研就要写进书里面，然后变成老师的语言，就可以把教学维持下去，就叫高质量的教学。

把科研和教学有机结合，让大学焕发出更强的生命力。这不仅是朱九思为华中工学院做出的贡献，也是为中国高等教育做出的示范。

> **华中科技大学教育科学研究院原副院长　沈红**
>
> 做工科的没有理科的支撑怎么搞工科呢？什么原理、计算都在理科，所以他就发展理科，所以华中工学院是在全国与清华大学一起第一批工科走向综合化的大学。

华中工学院在朱九思的带领下，开创性地的以科研引领教学，走上了一条综合大学之路，从华中工学院到后来的华中理工大学，再到今天综合性的华中科技大学，朱九思的办学思想历经岁月洗礼，最终春色满园。而华中科技大学的校训"明德、厚学、求是、创新"则恰到好处地映射出了朱九思勤学笃行、求是创新的办学思想。

> **教育部全国高校师德师风建设专家委员会主任委员　焦扬**
>
> 改革开放后，教育科技迎来了春天，正是因为有像朱九思这样的一批教育家，以实事求是、守正创新的精神办教育，尊重教育发展规律和人才成长规律，把握人民和时代需求办大学，敢想、敢闯、敢实践，实现了中国高等教育不断的跨越式发展。

就在朱九思为华中工学院的发展殚精竭虑、谋划蓝图的时候，很多高校的教授也都在各自的领域勤学笃行，让学科的发展创新可以紧跟不断变化的时代要求。

1978年，《光明日报》登载了一篇厦门大学教授潘懋元的文章《必须开展高等教育的理论研究》，自此，一个全新的大学学科出现在人们面前。

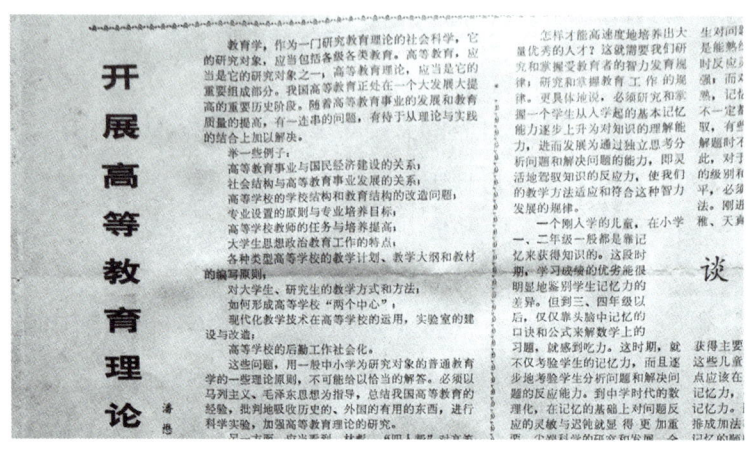

《光明日报》登载潘懋元的文章《必须开展高等教育的理论研究》

> **厦门大学教育研究院院长　别敦荣**
>
> 我们要开展经济建设,要进行现代化的发展,都取决于我们高等教育的办学水平和质量,需要我们建立一整套的、新的、有效的高等教育运行机制。所以潘懋元的这篇文章可以说是拉开了中国高等教育学科建设的序幕。

建立系统的高等教育学科是时代的需求,也是潘懋元教授一直以来的夙愿。在中国走向世界的过程中,应该建立什么样的大学?培养什么样的老师和学生?在潘懋元的主导下,新中国第一个高等教育研究机构——厦门大学高等教育研究室(今厦门大学教育研究院)和中国高等教育学会先后成立。

1981年,厦门大学招收了中国第一批高等教育学专业的硕士研究生。潘懋元成为中国第一位高等教育学的硕士研究生导师。1984年,国务院将高等教育学正式列为独立的二级学科。在构建教学体系的同时,潘懋元在教学实践中也开创了一种新的模式——教学沙龙。

潘懋元家的教学沙龙

| 厦门大学教育研究院教授　邬大光 |

潘老师的沙龙，他从1982年、1983年就开始做了。好多外地的学生、校长、学者，包括外国学者，都在潘老师家参加过这种沙龙。

从理论到教学实践，潘懋元在高等教育学领域的不断突破，不仅完成了一个新学科的创立，也为中国高等教育的发展奠定了坚实的基础，给后人留下了宝贵的财富。

| 厦门大学教育研究院教授　邬大光 |

我觉得潘老师留给我的不是有字之书，而是无字之书。所以我认为一个老师、一个大先生，无字之书比有字之书重要多了。

为了中国的高等教育事业鞠躬尽瘁，身在东南沿海的潘懋元教授展现了一位大先生勤学笃行、求是创新的精神追求。而一生扎根在西北地区的任继周，也凭借着这样的追求，在学科创新之路上披荆斩棘、砥砺前行。

> **草业科学教育家、中国工程院院士　任继周**
>
> 我上中学的时候是难民学生，吃不饱，身体很坏，考体育，连一个引体向上都做不了。当时，我就有了要改善国民营养这个想法。

任继周报考了国立中央大学（现南京农业大学）畜牧兽医系畜牧专业。1948年大学毕业后，他又进修了牧草学。1950年，他来到西北兽医学院（今甘肃农业大学），投身草原学的研究，自此和大西北结下了不解之缘。

> **草业科学教育家、中国工程院院士　任继周**
>
> 要解决中国的粮食、农业问题，就必须发展草地畜牧业。我找省长、找部长，要搞一个研究所，1981年批下来的。草地农业系统这个名词，从这个时候才进入我们的官方文件。我知道，研究所必须得跟大学结合，研究所不跟大学结合，再怎么样这个学科门类也不全。

从那以后，让草原学成为大学的一个新的学科，就成为任继周努力的方向。1984年，他成为中国第一位草原学博士生导师。2002年，甘肃省草原生态研究所整体并入兰州大学，成立兰州大学草地农业科技学院。

任继周投身草原研究

如今，任继周依然关注中国草业科学的发展，参与草业教学。2023年，任继周获得全国教书育人楷模称号。同年，甘肃农业大学正式设立"任继周草业科学奖学金"，以此激励更多年轻学子加入到任继周所创立的草业学科的研究与应用中来。

1981年甘肃省草原生态研究所筹建委员会合影

年迈的任继周坚持工作

任继周院士所创立的草业学科为守护国家的生态屏障发挥着重要作用,而王振义院士也在为中国的医疗实践和理论创新贡献着自己的力量。

早在20世纪70年代,王振义就投身于白血病治疗的研究工作,先后担任上海第二医科大学校长、上海血液学研究所所长,现为上海交通大学医学院附属瑞金医院终身教授、国家最高科学技术奖获得者。

王振义院士在数十年教书育人、行医济世的过程中,培养造就了陈竺等一批国内顶级的医学人才。他成功实现将恶性细胞改造为良性细胞的白血病临床治疗新策略,确立了治疗急性早幼粒细胞白血病的上海方案。他放弃申请药物专利,无私公开治疗方案,使更多患者受益。为了表彰王振义院士的杰出贡献,国际小行星中心把第43259号小行星永久命名为"王振义星"。

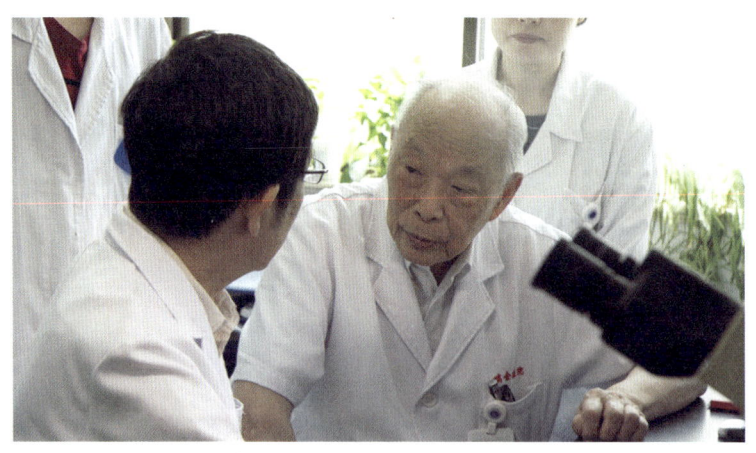

王振义向学生传授知识

就在王振义院士带领学生们为人类健康不断创新治疗方法的时候,高铭暄教授也在自己的教学领域为人们编织另外一张安全的守护网,这就是中国刑法学教学体系的创立。

1953年毕业于中国人民大学法律系的高铭暄，全程参与了新中国第一部刑法典的制定。在这部法典制定的过程中，他敏锐地意识到，随着时代的不断变化，中国的高等司法教育中需要增设专门的刑法教学体系。

> **中国人民大学法学院教授　韩玉胜**
>
> 高老师，他本人是非常非常地热衷于研究刑法的，也热衷于考虑和研究刑法当中的各种问题，特别是针对我们国家现实生活当中所发生的各种实际问题，比如新型的犯罪层出不穷，各类犯罪和过去相比有了很大的变化……

刑法学，这个适应社会需求所诞生的新学科，很快成为中国司法教育体系的重要组成部分。1984年1月，经国务院学术委员会批准，高铭暄成为中国第一位刑法学专业博士研究生导师，结束了中国无法独立培养刑法学博士的历史。他还先后担任中国法学会刑法学研究会会长、国际刑法学会副主席兼中国分会主席，推动了中国刑法学和世界接轨。

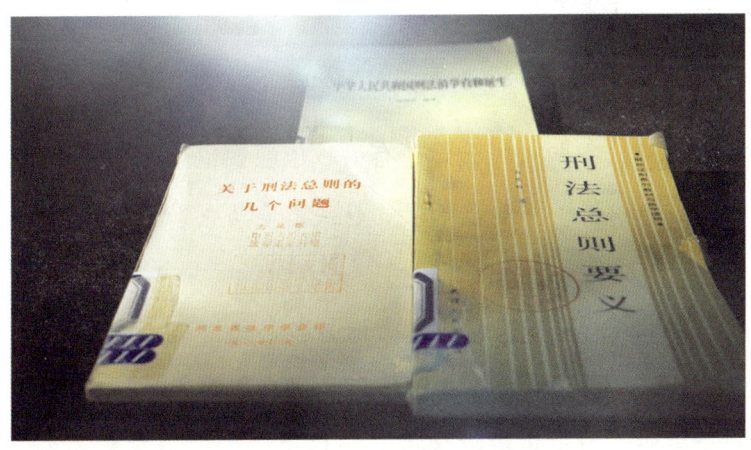

高铭暄的著作

> **中国人民大学法学院教授　韩玉胜**
>
> 高老师非常注重把中国的刑法介绍到世界，也愿意和那些对中国的刑法有偏见或者有误解的人解释中国的法律为什么这么规定，为什么我们要用这种方式来惩治犯罪，也得到了很多国外的刑法学者的赞同和支持。

勤学笃行、求是创新，不负时代、不辱使命，这是一位教育家的精神境界。

2019年，高铭暄教授被授予"人民教育家"国家荣誉称号。

高铭暄、卫兴华被授予"人民教育家"国家荣誉称号

2019年，中国人民大学还有另一位教授也获此殊荣——卫兴华。作为一名经济学教育家，卫兴华是马克思主义政治经济学中国化的奠基人之一。

当改革开放浪潮席卷中国大地，各种经济现象层出不穷之际，一套正确的、适用于中国特色的经济学管理和教育理论显得尤为重要。卫兴华提出的商品经济论、生产力多要素论等，紧扣时代脉搏，在经济学界影响广泛，让学生们真正认识到马克思主义经济学的科学性和与时俱进的品格。

> **中央财经大学经济学院副院长　卫兴华学生　何召鹏**
>
> 在我们开始从计划经济转向市场经济的过程中，还有很多问题。卫老师通过研究提出了社会主义市场经济的运行机制，写了一本书——《社会主义市场经济运行机制研究》，这本书也获得了我们国家的理论创新奖。

学风严谨、求真务实的卫兴华曾以两句诗嘱咐自己的学生——"为学当如金字塔，要能博大要能高"，告诫他们应时时有一个信念，那就是怎么把我们国家的经济工作搞得更好、怎么使我们的民族更加强盛。而卫兴华本人也一直把自己比作燃烧的炭火，在教育强国的征途上勇往直前，从未懈怠。

> **中国人民大学教授　卫兴华**
>
> 在一次老干部会上，我说"发挥余热"这个词我觉得不太好，什么叫发挥余热呀？炭火烧完了变成灰了，摸它还有点儿余热。我还在继续燃烧着呢，我燃烧得还很旺。

2015 年，卫兴华获得第四届吴玉章人文社会科学终身成就奖。获奖后，他把 100 万元奖金全部捐献出来，用于支持马克思主义政治经济学的教学研究、人才培养及优秀成果奖励。

在一位位教育家的孜孜以求中，根据社会需求陆续创建的许多新专业为 20 世纪 80 年代后的高等教育增添了更大的宽度、广度和深度，而这些专业的不断发展也推动了时代的进步。

基础教育的坚实基石

精神提炼 ‖ 以童心观世界，以情境破藩篱

就在高等教育改革如火如荼的时候，基础教育改革同样风起云涌，众多教育理论工作者和一线教师纷纷投入到教育思想和教学法的实践创新中，叶澜就是其中的一位。

十一届三中全会召开之后，叶澜就开始了对基础教育改革的思考。

叶澜在工作

华东师范大学终身教授　叶澜
十一届三中全会的报告，我仔细地一段一段地读，我突然意识到教育是追求个体的、主动发展的历史时期到了，先是基础教育与学生自我教育，然后就是时代精神与新人理想的构建。

叶澜以独特的视角捕捉到了时代对于教育改革的要求，进而提出了基础教育改革的构想。经过长年累月在中小学的调查走访，叶澜认识到，教育学要发展，就必须要把教育中的"人"找回来。

> **江苏省常州市局前街小学校长　李伟平**
>
> 我们的老师为了使一堂课能够顺利地进行，一堂课里请一个学习较好的学生发了十几次言。课后，叶老师跟我们说，这个学生在这堂课里发了十几次言，对他的成长是不利的，因为他的这种思维替代了其他同学的思维，其他同学没有得到锻炼。

为了全身心投入基础教育改革，叶澜辞去了华东师范大学副校长的职务。通过不断的摸索和学习，她提出了一整套关于基础教育改革的思想，其中"四个还给"的提出更是让人眼前一亮。

> **华东师范大学终身教授　叶澜**
>
> 第一个"还给"就是把课堂还给学生，让课堂充满生命活力；第二个"还给"是把班级还给学生，让班级充满成长气息；第三个"还给"是把智慧还给教师，让教育充满智慧的挑战；第四个"还给"是把精神发展的主动权还给师生，让学校充满勃勃生机。

新基础教育作为改革开放后诞生的创新性教育理论，经过叶澜的不懈努力，经过几十年的教学实践，已经在全国十几个省、几百所学校落地生根，让几十万师生受益。叶澜开创的

"生命·实践"教育学派,也被称为第一个本土化的中国教育学派。

叶澜与学生在一起

"弯弯的月儿,小小的船……"

这是南通师范学院第二实验小学的一堂语文课。这样生动活泼的课堂,在今天看来似乎很平常,但是在20世纪90年代,这种被称为情境教学的课堂形式却是中国小学语文教学的一大突破。

李吉林,是南通师范学院第二附属小学的一名普通语文教师,中国小学情境教学的开创者。如何打破陈旧、因袭、缺乏趣味、难以激发兴趣和情感的传统语文教育?如何突破教室围墙的局限,走进自然与社会,把学生带入活生生的真实的世界?这些是李吉林从1956年加入教师队伍以后一直思考的问题。1978年,改革开放给中国教育带来了更加自由的创新空间和机遇。在学校的支持下,李吉林开始中国最早的情境教学实验。

李吉林的情境课堂

| 江苏情境教育研究所顾问　严清 |

当时的儿童的语文学习，是从符号到符号，从书本知识到书本知识，所以钟情于生活学习、感性学习的儿童就感到莫名痛苦，因此李吉林提出来要变革。

情境教学，在当时的中国社会还是一个新名词。对于这样一个新鲜事物的出现，很多人都持怀疑的态度。

| 江苏情境教育研究所顾问　严清 |

有人认为她这样搞实验，孩子对书本知识的学习会不扎实、成绩会下降。但是考试成绩出来以后，她班上的学生考得都非常好，很多反对的声音就不再出现了。

用儿童的心去体验，用儿童的眼睛去看，就这样，在日复一日的教学实践中，在李吉林的影响和带领下，情境教学不仅成为学生们喜闻乐见的形式，也成为中国小学教学的一股春风，吹向了全国很多学校。

春风化雨，玉汝于成。1998年，在南通师范学院第二附属小学成立了中国第一个情境教育研究所。这是中国第一个以教师个体的教改研究成果命名的研究所。《光明日报》发表评论文章称情境教育为"中国特色的教育诗篇"，盛赞其为"回应世界教育改革的中国声音"。

20世纪70年代末以来，许多教育家勤学笃行、求是创新，积极投身教育改革，让中国的教育事业掀开了新的一页，让中国教育迎来了一个又一个春天。他们或革新办学思想，或创办新兴学科，或改革教学方法，为中国教育界带来了勃勃生机和满园春色。

　　大学的主要功能是人才培养、科学研究和社会服务,其中人才培养是根本。

——朱九思

教育家小传

朱九思

1916—2015

江苏扬州人

　　教育家。他长期担任华中工学院(现华中科技大学)领导职务,以远见卓识推动学校发展。他强调大学要引领社会,注重学科建设与人才培养,提出了一系列前瞻性教育理念。在他的带领下,学校实现了跨越式发展。朱九思一生为高等教育事业鞠躬尽瘁,其教育思想影响深远,为中国高校建设与发展提供了宝贵经验。

朱九思：高校改革闯将路

1953年10月，华中工学院在武汉喻家山下正式成立。这所完全按照苏联模式组建的工科院校，如同当时中国高等教育体系的缩影——专业单一、学科割裂，在计划经济体制下扮演着"专业人才培养工厂"的角色。然而，当历史的车轮驶入20世纪70年代末，这所看似普通的工科院校，在时任党委书记兼院长朱九思的带领下，率先打破体制坚冰，开启了中国高等教育史上具有里程碑意义的改革征程。

历史困境中的觉醒

1966年，朱九思被戴上"走资派"帽子，在苗圃和咸宁马桥镇度过了4年劳动岁月。1970年重返校园时，这座曾拥有2000余师生的学府已成空壳：武汉市半导体厂占据教学楼，师生大多下放农村，校园仅剩附属中小学与实习工厂。面对学生无书可读、无事可做的现实，朱九思开始思考两个根本问题：大学是否要继续办？如何才能办好？

1968年《人民日报》刊载的毛泽东指示"大学还是要办的，我这里主要说的是理工科大学还要办"，让朱九思看到了希望。在系统梳理中国高等教育史后，朱九思发现1952年院系调整存在重大偏差：将北京大学农学院、医学院拆分，把清华大学理科、文科并入北京大学，使清华大学这所顶尖学府沦为纯工科院校；浙江大学理科主体南迁复旦大学，百年名校特色尽失。这种"外科手术式"的调整，实质是全盘照搬苏联模式，割裂了学科间的内在联系。

1979年，率团考察美国、加拿大、日本三国高等教育时，朱九思受到强烈的思想冲击。麻省理工学院从15名学生的机械作坊，通过增设理科、文科发展为世界顶尖学府；得克萨斯农业与机械大学历经百年演变，成为综合性大学；东京工业大学战后增设理科，实现华丽转身。这些案例揭示着一个规律：综合性大学是现代高等教育发展的必然形态。

"我们与东京工大正好相反，"朱九思在考察报告中写道，"他们因发展需要增设理科，我们却因政治压力拆分综合院校。"这种对比，坚定了他将华中工学院改造成综合性大学的决心。

综合化改革的破局之道

1980年，朱九思与刘颖、马毓义、陈珽三位副院长组成改革领导小组，开始实施"三步走"战略。

第一步，突破专业审批壁垒。在1979年全国高等教育会议上，朱九思抓住部长蒋南翔参会时机，以计算机发展需要强数学支撑为由据理力争，最终获准设应用数学专业。此后，应用化学、应用物理等专业相继获批，理科学院初具雏形。

第二步，迂回发展文科。针对文科审批更严的现实，改革团队采取迂回策略——先成立中国语言研究所，招收研究生，创办《语言研究》期刊，待条件成熟再申报汉语言文学专业。这种"以研促建"的模式，最终促成中文系等文科院系的建立。

第三步，构建科研体系。在提出"科研走在教学前面"的口号后，学校将单一的教学中心转变为教学与科研双中心。生物工程系因带"工程"二字率先获批，新闻系、社会学系等新兴学科随后跟进，至1985年，学校已形成理、工、文、管四大学科群。

未雨绸缪的人才战略

朱九思深刻领悟"大学者非大楼之谓"的内涵真谛，极具前瞻性与开拓精神。1972年，当多数高校仍在迷茫时，他便以"广积人"为核心理念，率先启动人才引进工程，从全国500余个单位精心选拔625名教师，为学校发展筑牢根基。

为筹建建筑学专业，他亲自挖来黄兰谷作为学科带头人，并诚聘黄康宇等专家任兼职教授；通过洪德铭引荐，他以家常便饭的真诚接待受冲击的数学家徐利治，最终将其引入华中工学院；更令人惊叹的是，为引进中国科技大学高才生陈应天，

朱九思

他不仅将其夫妇从山东机械厂调来，更在喻家山人防洞中特建隔音防震的引力实验室，践行"事业留人"的理念。

这一战略成效显著。被下放农村的学者、工厂的技术员在华中工学院重获施展空间。到1984年，学校已拥有42个本科专业，涵盖理、工、文、管四大领域，科研经费大幅增长，成功实现从工科院校向综合性大学的转型。

高等教育史上的里程碑

经过5年攻坚，华中工学院完成华丽转身：20世纪80年代初，数学、物理、化学等理科系与中文、新闻等文科系相继成立；科研经费占比从不足10%提升至35%；毕业生从单纯工程师转变为兼具人文素养的复合型人才。这场改革不仅开创了中国高校综合化的先河，更印证了一个真理——高等教育发展必须遵循学术规律，服务国家需求。

如今，华中科技大学（原华中工学院）已跻身世界一流大学行列。回望20世纪80年代的改革，朱九思曾说："我们不是先知，只是比别人早半步看清了方向。"这半步跨越，不仅改变了一所大学的命运，更在中国高等教育史上刻下了永不磨灭的印记。在综合性大学成为主流的今天，我们更应铭记那位在"文革"废墟上重建精神殿堂的改革者，以及他"虽九死其犹未悔"的教育情怀。这段改革之路启示我们：真正的教育创新，既需要破冰的勇气，更需要扎根现实的智慧；既要有仰望星空的格局，也要有脚踏实地的坚持。

高等学校的教学过程是特殊的认识过程、发展过程和形成过程。

——潘懋元

教育家小传

潘懋元

1920—2022

广东汕头人

高等教育学家。他是中国高等教育学的奠基人,创建了高等教育学科。他一生致力于高等教育研究与实践,提出诸多创新理论,如"教育内外部关系规律"理论等。他注重理论联系实际,推动高等教育改革。其学术成就卓越,为中国高等教育事业发展做出重大贡献。

潘懋元：高教拓荒立学科

在厦门大学的历史长河中，潘懋元宛如一座巍峨的灯塔，以其卓越的智慧、坚定的信念和无私的奉献，为中国高等教育学科的创立与发展照亮了前行的道路。他以"知无央"的科学精神、"爱无疆"的人文情怀，在高等教育领域里披荆斩棘，书写了一段波澜壮阔的传奇。

破茧之始：从失败课堂到学科觉醒

潘懋元的教育生涯始于 1935 年，15 岁的他在广东汕头私立小学开启了自己的教师之路。然而，首次登台的经历却成了他教育生涯中难忘的挫折。因紧张，他提前讲完了备课内容，课堂陷入尴尬的寂静。这次失败如同一记警钟，让他深刻认识到："教育不是简单的知识传递，而是点燃心灵的火种。"

此后，潘懋元踏上了自我提升的征程。白天，他在学校教课，在实践中积累教学经验；夜晚，他如饥似渴地研读《教育概论》等著作，汲取教育理论的养分。他甚至以插班生的身份进入师范科，系统学习教育学、心理学等专业知识。这种"教学相长"的实践，不仅让他弥补了自身的不足，更为他日后提出"学习—研究—教学实践"三位一体方法论埋下了伏笔。

1941 年，潘懋元考入厦门大学教育系，兼任长汀县立中学教务主任。在战火纷飞的年代，教育条件极为艰苦，但他带领师生用竹片制作教具，在祠堂里开设课堂。这段经历让他深刻体会到："高等教育必须扎根中国大地，解决实际问题。"

1957年，潘懋元在《学术论坛》发表《高等专业教育问题在教育学上的重要地位》，首次提出建立独立高等教育学的构想。然而，由于时代的局限，这一具有前瞻性的构想被搁置。但潘懋元坚信高等教育学必将迎来属于自己的春天。

拓荒之路：从零到一的学科突围

1978年，对中国高等教育界来说是一个具有里程碑意义的年份。这一年，《光明日报》刊载了潘懋元的《必须开展高等教育的理论研究》，犹如一声春雷，震醒了沉睡的中国高等教育界。他在文中指出"不能把大学生当成小学生来教"，这一论断直击要害，开启了中国高等教育学科建设的先河。

同年，潘懋元在厦门大学创立了中国首个高等教育研究机构——高等教育科学研究室。彼时，研究室条件简陋，仅有3张旧课桌和1台手摇计算机。但潘懋元并未被困难吓倒，他带领团队白天深入高校调研，夜晚在煤油灯下撰写报告。为了争取更多的支持，他骑着自行车往返于教育部与学校之间，行李卷里总装着未完成的讲义。

学科建设面临着双重挑战。一方面，要打破"高等教育即普通教育延伸"的认知偏见；另一方面，要构建本土化的理论体系。潘懋元迎难而上，提出了"教育内外部关系规律"理论：内部规律关注"人的发展"，外部规律服务"社会发展"。这一理论成为高等教育学科的基石，为中国高等教育的发展指明方向。

1981年，高等教育科学研究室获批全国首批高等教育学硕士点，潘懋元成为中国第一位高等教育学硕士生导师。1984年，他主编的《高等教育学》出版，被时任教育部长蒋南翔誉为"中国高等教育学的开山之作"。同年，国务院将高等教育学列为独立二级学科，厦门大学成为该学科首个博士点授予单位。至此，中国高等教育学完成了从无到有的历史性跨越。

育人之道：学术沙龙育英才

在人才培养方面，潘懋元独创了"学术沙龙"模式。每周六下午，他家客厅就变成了一个学术殿堂，青年教师与海外学者围坐在一起，自由讨论学术问题。在这里，没有身份的界限，没有标准答案的束缚，只有对真理的追求和探索。

2003年"非典"期间，83岁的潘懋元坚持线上主持沙龙。他通过电话逐个联系学生参与，确保学术交流不受疫情的影响。这种"不拘形式、追求真理"的氛围，培养出了一大批优秀的高等教育研究与领导管理人才。100余名博士、硕士从这里走出，其中不乏高校校长和学科带头人。

学生邬大光回忆道："潘老师的沙龙没有标准答案，但总能引导我们找到问题的本质。"在潘懋元的引导下，学生们学会了独立思考，勇于质疑，具备了创新精神和批判性思维。他用自己的言行诠释了"学高为师，身正为范"的深刻内涵，赢得了学生们的尊敬和爱戴。

与时偕行：在时代浪潮中坚守本心

潘懋元的学术生涯始终与国家高等教育发展同频共振。20世纪80年代初，当国际学术界还在争论"高等教育是否应走向大众化"时，他已敏锐捕捉到中国社会对多样化人才的需求，率先开展相关研究。1985年，他在《高等教育学》专著中提出"精英与大众教育并存"的二元模式，这一理论比世界银行1994年发布的《高等教育：经验与教训》报告整整早了9年。其前瞻性在1999年高校扩招中得到验证，他主持的"中国高等教育规模扩展与劳动力市场"课题，通过分析20年数据，精准预测扩招对就业结构的影响，为教育部决策提供了关键依据。

面对民办教育野蛮生长的乱象，潘懋元没有停留在批判层面。1997年，他带领团队深入浙江、广东等地的民办高校调研，发现市场机制与教育公益性存在深层矛盾。经过3年论证，他首创"教育准市场理论"，主张通过政策调控实现"有限竞争、规范发展"。这一理论直接推动2002年《民办教育促进法》出台，确立了对民办教育"积极鼓励、大力支持、正确引导、依法管理"的十六字方针。

永不停歇：学术长征路上的追光者

在学术浮躁之风盛行的年代，80岁的潘懋元用行动诠释"板凳要坐十年冷"的治学精神。

2000年，他主持国家"211工程"重点项目，带领团队系统梳理清末至2000年的高教政策。当年轻学者抱怨资料匮乏时，他却通过放大镜研读微缩胶片，5年间手写笔记达200万字。2005年《中国高等教育百年》出版时，学界惊叹其不仅完整呈现政策演变脉络，更通过成本收益分析揭示深层规律，被赞为"中国高教史的《史记》"。

即便在生命的最后阶段，潘懋元仍保持创新活力。2020年，99岁的他通过"云课堂"与3万名教师互动。直播中，他引用《庄子》"吾生也有涯，而知也无涯"，鼓励青年教师"做永不停歇的追光者"。

潘懋元，这位中国高等教育学科的拓荒者，用自己的一生诠释了对教育事业的无限热爱和执着追求。他的名字，将永远铭刻在中国高等教育发展的历史丰碑上，激励一代又一代的教育工作者不断前行。

草业科学是农业科学的重要组成部分，关乎国家生态安全与食物安全。

——任继周

教育家小传

任继周

1924年出生于山东平原

草原学家、教育家。他扎根草业科学领域，创建了中国草业科学学科体系。他重视理论与实践相结合，培养了大批草业人才。他一生为草业发展奔走，提出诸多科学理念，推动了中国草业科学进步。其研究成果对生态保护、农业发展意义重大，是草业科学领域的领军人物，为草业教育与研究树立了典范。

任继周：草业科学拓荒者

在西北广袤的草原上，一位百岁老人用一生诠释了"勤学笃行，求是创新"的深刻内涵。他就是中国工程院院士、草业科学奠基人任继周。从青年时期到百岁高龄始终坚守科研一线，任继周以坚韧不拔的毅力和开拓创新的精神，在草业科学领域开垦出一片希望的田野。

为改善国民营养结构而学

任继周出生于 1924 年，那是一个动荡不安的年代。儿时的他目睹了国家羸弱、同胞贫困的景象，心中早早立下了为改变国家农业现状而努力的志向。1943 年，高中毕业的任继周以高分考取了国立中央大学的冷门专业——畜牧专业。当被问及为何选择这一专业时，他朗声回答："为了改善中国人的营养结构！"这份质朴而坚定的理想，成为他此后数十年科研生涯的灯塔。

大学毕业后（1948 年），任继周师从我国现代草原科学奠基人王栋教授，专攻牧草学。他如饥似渴地汲取知识，不仅系统学习了牧草学、草原学，还兼修动物营养学，为日后的研究打下了坚实的理论基础。1948 年毕业时，他因成绩优异被留校进修，继续跟随王栋教授深造。这段经历不仅拓宽了他的学术视野，更培养了他严谨的治学态度和求真务实的科研精神。

在艰苦环境中开拓创新

1950年，应兽医学家盛彤笙院士的邀请，任继周携新婚妻子从南京辗转来到兰州，成为西北兽医学院（今甘肃农业大学）的一名教研人员。当时的西北，在别人眼里是偏僻荒凉之地，但在任继周看来，却是开展草业科学研究的"宝地"。他在日记中写道："甘肃地跨长江、黄河流域，是青藏高原、黄土高原、西北内陆荒漠的交汇地带，草原资源太丰富多样了！有人觉得这个苦、那个苦，我一点儿也不觉得苦。大自然就是实验室，是没法取代的。"

初到西北，条件极为艰苦。他的实验室是一间仅有16平方米的房间，里面摆放着一张办公桌、一盏煤油灯、一个书架和一个单面试验台。然而，困难并未阻挡他探索的脚步。1956年，在海拔3000多米的天祝藏族自治县乌鞘岭马营沟，任继周和同事们搭起帐篷，建起了我国第一个高山草原定位试验站。这里夜晚滴水成冰，为了保护实验用的蒸馏水瓶不被冻裂，任继周常常把瓶子抱在被窝里睡觉。

在这样艰苦的环境里，任继周带领团队开展了大量开创性的研究工作。他们摸清了草地生态系统一年四季的变化规律，率先试行高山草原划区轮牧，研制出我国第一代草原划破机"燕尾犁"。这一发明极大地提高了草原的生产能力，使原来仅有两三寸高的草能长到半米左右。任继周还创立了世界领先的草原综合顺序分类法，这一方法综合考虑了气候、土壤、植被等多种因素，使草原分类更加科学、准确，成为唯一可以覆盖全世界的草地分类系统。

破解草原生产能力评定难题

在长期的科研实践中，任继周始终秉持求是创新的精神，不断探索草业科学的前沿领域。20 世纪 70 年代，针对我国草原生产能力评定缺乏统一标准的问题，任继周带领团队进行了深入研究。当时，各地在计算草原生产能力时，有的按产草量计算，有的按牲畜头数计算，这些方法都无法全面、准确地衡量草原的实际生产能力。

任继周深入分析了草原生态系统的复杂性，提出了评定草原生产能力的指标——畜产品单位。这一指标将不同种类的畜产品折算成统一的单位，从而能够客观、准确地比较不同地区、不同类型草原的生产能力。畜产品单位指标体系的提出，结束了各国各地不同畜产品无法比较的历史，被国际权威组织用以统一评定世界草原生产能力。

此外，任继周还创立了草原季节畜牧业理论。这一理论从时间维度优化整合草原生产要素，与划区轮牧理论相辅相成，共同构成了我国草原畜牧业生产方式变革的理论基础。草原季节畜牧业理论的应用，最高可使单位面积草原的畜产品增加 11 倍，为提高草原生产效益、促进农牧民增收发挥了重要作用。

育人无数，传承科研精神

任继周不仅是一位杰出的科学家，更是一位优秀的教育家。他深知，培养优秀的草业科学人才是推动行业发展的关键。因此，他在繁忙的科研工作之余，始终坚守在教育一线，为我国草业科学培养了一批又一批的优秀人才。

从 1955 年开始，任继周就招收研究生。他的课堂总是充满活力。他会带着学生们走进草原，实地讲解知识，手把手地教学生们观察牧草生长、分析土壤成分。他对学生要求严格，在科研态度和学术道德方面容不得半点马虎。他常说："科研是一项严肃的事业，来不得半点虚假。只有脚踏实地，才能取得真正的成果。"

在他的言传身教下，学生们养成了严谨认真的科研习惯，为日后的科研工作打下了坚实的基础。如今，他的学生中已有许多人成为我国草业科研、教学和产业领域的中坚力量，其中包括中国工程院院士南志标等业内知名专家。

百岁高龄仍心系草业

如今，已过百岁的任继周院士依然心系草业科学，坚守在科研一线。每天清晨，他都会准时来到书房，打开电脑，将字体调整成"超大号"，开始一天的工作。尽管视力下降得厉害，但他每天仍坚持工作 5 小时。他说："能做多少就要做多少，我要爱惜'借'来的三竿又三竿的时间。"

2023 年，99 岁的任继周还玩起了新潮，开设了"草人说话"公众号，分享自己的学思与感悟。他自称"草人"，因为草业就是他这辈子的命根子。在公众号上，他用朴实的语言讲述着自己与草业科学的故事，激励着更多年轻人投身这片广阔的草原。

为了激励年轻学子把草业研究的接力棒传递下去，任继周倾尽家中积蓄，累计捐款 625 万元，先后在多地设立了 6 项奖学金。他说:"从来草原人,皆向草原老。"他希望更多的年轻人投身草业,以一株劲草的姿态度过一生。

任继周院士的一生,是为草业科学奉献的一生。他以勤学笃行的态度,在艰苦的环境中不断探索;以求是创新的精神,在草业科学领域取得了一系列开创性的成果;以为国育人的情怀,为我国草业科学培养了大批优秀人才。他的故事,是对"勤学笃行,求是创新"最生动的诠释,激励着一代又一代的科研工作者为我国草业科学的发展努力奋斗。

医学教育的目的是培养有爱心、有责任感的医生。

——王振义

教育家小传

王振义

1924年出生于上海

血液学专家、医学教育家。他在医学领域成就斐然，攻克了急性早幼粒细胞白血病的治疗难题。他投身医学教育，注重医德培养，强调医生要有仁爱之心。他言传身教，培养了众多优秀医学人才。其科研与教育成果，不仅拯救了无数患者的生命，更为中国医学教育事业发展贡献力量，是医者与师者的杰出代表。

王振义：医者仁心破血癌

1986 年的一天，上海儿童医院内一位急性早幼粒细胞白血病（APL）女孩生命垂危。王振义之妻谢竞雄时任该院顾问，闻讯后立即告知专注该领域研究的丈夫。王振义坚持用尚处试验阶段的全反式维甲酸进行治疗："我们经过 8 年的研究，我相信科学，我有信心！"奇迹出现了，小女孩只吃了一个星期左右的全反式维甲酸，病情就出现转机，最终达到完全缓解。如今，她仍健康生活。此案成为全球首例通过诱导分化理论使癌细胞"改邪归正"的成功范例，王振义因此被称为"癌症诱导分化之父"。

从实验室到病房的漫漫长路

1948 年，24 岁的震旦大学医学院毕业生王振义以第一名的成绩被分派到广慈医院（现上海交通大学附属瑞金医院）。1959 年，他首次目睹白血病患者离世。当家属跪在走廊痛哭时，他默默捡起被扔在地上的病历，在扉页写下："一定要找到攻克白血病的方法。"

特殊年代里，科研陷入停滞，王振义白天在血库搬运血浆维持生计，深夜则蜷缩在法租界老阁楼里，借着煤油灯研读从旧书摊淘来的外文文献。1978 年，当他终于在《中华医学杂志》发表首篇关于 APL 细胞分化的论文时，编辑部特意加注："作者自费购买期刊，恳请读者珍惜纸张资源。"

一剂维甲酸的生死赌局

1983年，法国学者报道维甲酸可诱导白血病细胞分化。得知这个线索后，王振义他翻遍《本草纲目》寻找类似记载，甚至用面团捏制细胞模型推演作用机制。当他在实验室观察到APL细胞在维甲酸作用下出现"彗星尾"状分化时，助手惊呼："细胞在跳'天鹅湖'！"

但要将实验室发现转化为临床治疗，谈何容易？1986年，面对患儿父母"死马当活马医"的恳求，王振义顶着"拿孩子做实验"的质疑，亲自配制全反式维甲酸胶囊。第7天，孩子高烧骤退；第21天，骨髓穿刺显示癌细胞消失。那一年，王振义和他的团队共收治了24例病人，其中23例的病情得到了完全缓解，剩下的一例加上化疗也得到了缓解。1988年，王振义将相关成果发表在国际期刊《血液》上，这篇论文先后被《自然》《科学》《细胞》等国际前沿学术期刊引证，成为全球百年来引证率最高和最具影响的86篇论文之一。

让"天价药"变成"白菜价"

当全反式维甲酸专利估值达10亿美元时，85岁的王振义却毅然宣布放弃专利，将药方无偿公之于众。此后，王振义和学生陈竺、陈赛娟等又一起创造性地提出"全反式维甲酸联合三氧化二砷"治疗方案，并从分子生物学角度将这个方案研究得明明白白，最终使急性早幼粒细胞白血病的 5 年生存率从不足 10% 跃升至 95% 以上，治疗费用从数万元骤降至数百元。如今，这一被《自然》杂志称为"中国神药"的疗法，每年拯救全球数万生命，更被写入世界卫生组织诊疗指南。

王振义始终保持着"医者恒学"的赤子之心。2003 年，刚从临床一线退休的王振义为自己布置了一项新任务——每周一次"开卷考试"，即每周初由学生提交疑难病例形成试卷，他查阅中外文献后与学生共同探讨治疗方案。89 岁那年，他仍能脱口而出某篇《新英格兰医学杂志》论文的页码，家中书房堆满的手写笔记记录着半个世纪的学术思考。这种"活到老学到老"的执着，让许多年轻医生既敬佩又惭愧——他们手机里存着最新指南，却鲜少像老教授那样逐页精读原始文献。

桃李满园写春秋

王振义曾立下"三不原则"：不让学生替写论文、不占用学生科研成果、不在学术会议作无关报告。但对学生，他永远慷慨——把院士津贴全部捐作奖学金，自费购买实验设备，甚至为贫困生支付学费。

这种精神滋养出"一门四院士"的佳话：学生陈赛娟、陈国强、陈竺先后当选院士，其中陈竺更是在 2000 年带领团队完成 APL 治疗"上海方案"的最终拼图。当被问及培养秘诀时，王振义指着实验室里那台 1958 年购置的显微镜说："好医生要像老镜子，看得清细胞，更看得见病人。"

九旬院士的未竟之业

2025年春天，101岁的王振义依然每周出诊。他的白大褂口袋里装着三件"法宝"：老花镜、听诊器、患者名单。面对慕名而来的患者，他总要起身相迎；听诊前必定搓热双手，这个习惯保持了70年。

在最近一次学术会议上，他提出新课题："如何让APL患者像高血压病人一样正常生活？"当有人劝他安享晚年时，他指着那行褪色的字迹说："只要还有一个白血病患儿，这句话就永远作数。"

从震旦学子到世纪院士，王振义用一生诠释了何为"大医精诚"。他像一盏永不熄灭的明灯，照亮了血液病治疗的无人区，更照亮了医者仁心的永恒坐标。在瑞金医院血液科病房，新入职的医生们总会听到这样一句话："记住，你们面前的不是病例，是等着回家的人。"这，就是王振义献给医学界最珍贵的财富。

刑法教学要让学生明白,法律是维护社会公平正义的利器。

——高铭暄

教育家小传

高铭暄

1928年出生于浙江玉环

　　法学家、教育家。他是新中国刑法学的主要奠基者和开拓者,参与新中国刑法立法工作。他长期从事刑法学教学与研究,培养了大批法学人才。他注重理论与实践相结合,引导学生树立正确的法治观念。其学术贡献与教育成就为中国法学事业发展奠定了坚实基础,是法学教育领域的领军人物。

高铭暄：法典育人六十载

在中国法律界，高铭暄声名远扬。他是当代著名法学家，新中国刑法学的主要奠基者与开拓者，与诸多"第一"紧密相连：新中国培养的第一代法学家，唯一全程参与新中国第一部刑法典制定的学者，新中国第一位刑法学博士生导师，第一批被授予"人民教育家"国家荣誉称号的教育家……从青丝到白发，他始终践行着"教育乃我之事业，科学乃我之生命"的信条，倾心培养法学人才，点亮中国法治未来。

25年铸就刑事法治基石

1954年深秋，年仅26岁的高铭暄接到调令，成为全国人大常委会刑法起草工作小组最年轻的成员。在铁狮子胡同1号的老办公楼里，刚从中国人民大学研究生毕业的他，与前辈们开启了新中国第一部刑法典的漫长孕育。

他们深知这部法典意义重大，为此不辞辛劳。收集上万起刑事案件的司法经验，为法典的制定提供实践依据；翻译苏联、德国、法国等国的刑法条文，借鉴国外先进立法经验。在38稿修订过程中，他们逐字推敲，力求每一个条款都精准无误、科学合理。

历经25年的艰辛努力，1979年7月1日，《中华人民共和国刑法》在第五届全国人民代表大会第二次会议上全票通过。

那一刻,坐在人民大会堂三楼见证席的高铭暄默默记下时间:16 时 05 分。这部法典的诞生,终结了中国没有刑法典的历史,构建了现代刑事法治的基本框架,为中国的法治建设奠定了坚实基础。此后数十年间,无论是修订刑法,还是制定刑法修正案,高铭暄都积极参与其中,为刑事法治的不断完善贡献着自己的智慧和力量。

三尺讲台铸就刑法学派

1978 年,中国人民大学复校,高铭暄站在讲台前,面对 108 双求知若渴的眼睛,开启了他在刑法学教育领域的辉煌篇章。

他首创"综述研究法",要求学生围绕特定课题收集国内外资料,形成文献综述并提出见解。这一方法有助于培养学生的阅读能力、拓宽学生的视野,让学生学会思考,逐渐形成自己的观点、明确学术方向。1982 年编写统编教材《刑法学》时,这种方法大放异彩。当时高铭暄因劳累引发腰痛,只能躺在躺椅上,用木板垫着腹部批改书稿。这本 52 万字的教材开创了"总论—各论"的体系框架,成为全国高校通用教材,前后发行百万余册,为中国刑法学教育的发展做出了重要贡献。

在人才培养上,高铭暄提出"三严""四能""五结合"的人才培养之道。"三严"是对学生严格要求、严格管理、严格训练,培养学生严谨的治学态度和良好的学习习惯;"四能"是培养学生的阅读能力、翻译能力、研究能力、写作能力,提升学生的综合素养;"五结合"是使学生做到学习与科研相结合、理论与实践相结合、全面掌握与重点深入相结合、研究中国与借鉴外国相结合、个人钻研与集体讨论相结合，拓宽学生的学术视野，培养学生的创新能力。

他培养的64位刑法博士中，涌现出赵秉志、陈兴良等学界领军人物。当学生在犯罪构成理论问题上展开德日"三阶层"与中国"四要件"的学术争鸣时，他坦然表示："只要言之有据，我尊重不同观点。"这种包容态度，营造了宽松自由的学术氛围，让中国刑法学界呈现出"北高南马"的繁荣景象。

师者风范，言传身教

高铭暄不仅在学术研究和人才培养上成绩斐然，更以高尚的师德和严谨的治学态度影响着每一位学生。

他精益求精讲好每一堂课，认为这是作为教师的"职业良心"。尽管对教材内容早已烂熟于心，但他还是会为了讲好一堂课精心准备，备课到凌晨是常事。哪怕是相同的内容讲给不同的人听，他也坚持重新整理讲义，让语言表述适合受众特点。他说："听众不同，认知角度就不同，因而讲稿需要重新整理。我要尽已所能上好每一堂课，让学生获得最大收益，不能浪费学生的青春。"

他指导学生秉持"有教无类"的原则，对所有学生一视同仁，同时注重因材施教，尊重每个学生的特点、个性和兴趣。即使再忙，他每年都会抽出数月时间专门审阅学生的论文，不允许学生以混文凭的态度虚度光阴。

九旬高龄笔耕不辍

2015年，87岁的高铭暄获得刑法学界的"诺贝尔奖"——切萨雷·贝卡里亚奖，成为亚洲首位获奖者。领奖台上，他全程用英文演讲，展现了中国法学家的国际视野。但更让他激动的，是2020年《中华人民共和国刑法修正案（十一）》增设的妨害安全驾驶罪、高空抛物罪等条款。这些立足中国国情的立法创新，印证了他半个世纪前提出的"刑事立法要接地气"的理念。

如今，耄耋之年的高铭暄仍关注着人工智能、生态保护等新领域，为法治建设建言献策。

"为国家哪何曾半日闲空"，这句京剧《洪洋洞》的唱词，高铭暄唱得极好，也做得极好。从青丝到白发，他始终坚守在教育一线，为中国刑法学的发展和法治建设贡献着自己的全部力量。他参与制定的不仅是法律条文，更是一个民族的法治基因；他培养的不仅是法学人才，更是中国法治的未来。

经济学教学要引导学生关注现实,为解决经济问题贡献智慧。

——卫兴华

教育家小传

卫兴华

1925—2019

山西五台人

经济学家、教育家。他是中国人民大学荣誉一级教授,在马克思主义政治经济学领域造诣深厚。他一生致力于经济学教学与研究,发表大量学术著作。他注重培养学生理论联系实际的能力,鼓励学生关注经济热点问题。其学术思想与教育理念为中国经济学教育事业发展做出重要贡献,是经济学界的杰出代表。

卫兴华：马克思主义传灯人

在中国人民大学经济学系的走廊里，以前总能看到一位白发苍苍的老人缓缓前行。他是学生眼中"还在燃烧的蜡烛"，是同行口中"真理的守护者"——卫兴华，这位将毕生献给马克思主义经济学的传灯人，用95个春秋诠释了何为"勤学笃行，求是创新"。

从太行山到未名湖

1925年，卫兴华出生在山西五台县善文村，乳名为"玉童"。上小学前，老师给他取名卫显贵，希望他未来荣华富贵。1938年，日军占领东冶镇，卫兴华被迫辍学回村务农，但想读书上学的念头片刻未息。怀着读书求学的渴望，1942年，他考入东冶镇一所中学补学班，并毅然将名字改为"卫兴华"，寓意"抗日救国、振兴中华"。

改名后的卫兴华，在晋西隰县进山中学开启了革命启蒙。这所由中共地下党员赵宗复创办的学校，成为他思想蜕变的摇篮。赵宗复以国民党高官之子的身份为掩护，传播进步思想，培养革命骨干。卫兴华在这里创办油印刊物《三一园地》，发表抨击时政的文章，并加入地下党领导的"投枪社"。1947年，他正式加入中国共产党，次年奉命转战北平，在白色恐怖中建立情报联络点。这段经历，塑造了他"不唯上、不唯书、只唯实"的革命品格。

1950年秋，中国人民大学成立政治经济学教研室，卫兴华被遴选为首批政治经济学专业研究生。尽管初学时对"政治经济学"一无所知，他以"笨鸟先飞"之姿苦读，1952年以全优成绩留校任教，开始自己教学、研究的治学之道。

在禁区中拓荒

20世纪50年代，当"全民所有制内部非商品经济论"盛行时，卫兴华却提出惊世之论——全民所有制企业的生产资料具有商品属性。在1959年《学术月刊》发表的论文《社会主义制度下商品生产的研究方法问题》中，他大胆指出："如果否认生产资料是商品，那么必然导向否认价值规律在生产资料生产中的作用。"这个观点犹如平地惊雷。

改革开放后，卫兴华更成为理论禁区的"破冰者"。1984年，他在太原作报告时疾呼："社会主义要发展商品生产和商品交换，也就是要发展商品经济。"面对"商品经济是否会导向资本主义"的质疑，他以翔实数据论证：日本战后重建靠的就是商品经济，社会主义完全可以利用商品经济实现现代化。

1985年，他在《经济研究》发表《社会主义商品经济存在的原因》，指出全民所有制企业内部"不同企业具有独立经济利益"的客观现实，是商品经济存在的微观基础。这一论断不仅为国企改革提供了理论支撑，更与1987年党的十三大报告"国家调节市场，市场引导企业"的表述形成理论呼应。

三尺讲台铸就丰碑

"为学当如金字塔，要能博大要能高。"这句卫兴华常挂在嘴边的话，成为他教育生涯的写照。从教 68 年，他培养了 50 多位博士，其中不乏洪银兴、魏杰等学界翘楚。课堂上，他要求每个学生必须通读《资本论》三遍，更强调"要带着问题读，用独立思考的刀解剖经典"。

2015 年，90 岁的卫兴华将其所获"吴玉章人文社会科学终身成就奖"百万奖金全部捐出，设立"马克思主义政治经济学发展基金"。在捐赠仪式上，他颤巍巍举起现金支票："我要让更多年轻人接过真理的火炬。"即便卧病在床，他仍坚持让博士生何召鹏到病榻前讨论学术，堆满床头的论文上，密密麻麻的红笔批注浸透着汗水。

让马克思主义说中国话

在卫兴华的书房里，始终摆放着 1975 年出版的《马克思恩格斯全集》和最新一期的《经济研究》。贯通古今的视野，让他在 20 世纪 80 年代就提出"生产力多要素论"，将科技、管理、自然力纳入生产力范畴。当西方经济学涌入时，他既不盲目排斥也不全盘接受，而是主张"吸收其反映社会化大生产规律的内容，拒绝其为资本辩护的立场"。

2013 年，88 岁的卫兴华获得世界马克思主义经济学奖。领奖台上，他用英语发表演讲："马克思主义不是教条，而是观察世界的望远镜。"这句话，恰是他毕生治学的注脚——从纠正苏联教科书纰误到构建中国特色社会主义政治经济学,他始终让马克思主义扎根中国大地。

燃烧至最后一刻

90岁高龄时,卫兴华仍坚持每隔一两周为博士生上专题讨论课,每次一讲便是两三个小时。他拒绝"发挥余热"之说,坚称自己"仍在燃烧"。

2019年12月6日,卫兴华永远合上了双眼。在生命最后的日子里,他仍在病榻上修改《中国特色社会主义政治经济学》书稿。儿子卫宏在整理遗物时发现,父亲书房的台历永远停留在12月6日,上面写着:"今日工作:修改第15章,审阅博士论文。"

这位从太行山走出的理论战士,用一生践行了"理论要掌握群众"的誓言。他主编的《政治经济学原理》累计发行超百万册,提出的"社会主义商品经济论"写入中央文件,培养的弟子遍布政经两界。当人们称他为"人民教育家"时,他却说:"我只是马克思播下的种子,在中国大地上长出的一棵小草。"

教育是直面人的生命、通过人的生命、为了人的生命质量的提高而进行的社会活动。

——叶澜

教育家小传

叶澜

1941 年出生于上海

教育学家。她创建"生命·实践"教育学派,强调教育要关注人的生命成长。她长期从事教育理论研究与实践探索,推动基础教育改革。她注重教师专业发展,倡导教育创新。其教育思想深刻且富有前瞻性,为中国教育理论与实践发展注入新活力,是当代教育领域的重要引领者。

叶澜：教育学的中国化

在中国教育学的星空中，叶澜教授如同一颗璀璨的恒星，用六十载光阴书写着"教育学的中国化"的传奇。从华东师范大学的青涩学子到终身教授，从基础教育改革的探索者到"生命·实践"教育学派的创立者，她以勤学笃行的姿态深耕教育田野，用求是创新的精神点亮理论星空，为中国教育学注入独特的中国基因。

扎根中国大地的教育追问

1962年，21岁的叶澜以全优成绩从华东师范大学教育学系毕业，留校任教。一次，按照惯例，她走进某小学的语文课堂，却在这里遭遇了职业生涯的第一次震撼。当她目睹资深教师为确保课堂"顺畅"，反复让一名学生发言十几次时，教育的本质问题在她心中激荡："这样的课堂，究竟在塑造怎样的人？"

这个疑问随着她援藏支教的脚步愈发强烈。在拉萨师范学院简陋的教室里，高原的阳光透过窗棂，映照着孩子们黝黑脸庞上求知的目光。两年间，她不仅传授知识，更见证了教育如何成为改变个体命运的力量。这段经历在她心中种下"教育普及"的草根情结，也让她深刻意识到：中国教育的问题，必须在中国大地上寻找答案。

理论突破的"破冰"之旅

20 世纪 80 年代，当西方教育理论涌入中国时，叶澜却选择了一条少有人走的路。在南斯拉夫访学期间，她系统研读教育经典，却愈发感到"这些理论无法解释中国课堂的特殊生态"。回国后，她带领团队深入中小学，用三年时间观察了 200 余节课，记录下中国教师独特的"课堂智慧"：如何用生活实例阐释抽象概念，怎样在资源匮乏时创造教学奇迹。

1997 年，她撰写的《让课堂焕发生命活力》一文的发表如平地惊雷。她在文中大胆指出："传统课堂把生命活动缩减为知识传递，教师讲、学生听，本质是'单向传递—被动接受'的机械过程。"这篇论文不仅提出"把课堂还给学生"的口号，更构建了"生命·实践"教育学的理论框架。当"生命价值是教育的基础性价值"这一命题提出时，中国教育学界首次拥有了立足本土的理论支点。

实践创新的"新基础教育"革命

在上海市一所普通小学，叶澜蹲下身来，与孩子们平视对话。这个场景成为"新基础教育"研究的经典注脚。她提出的"四个还给"原则——把课堂还给学生、把班级还给学生、把智慧还给教师、把精神发展的主动权还给师生——正在全国 300 余所实验校落地生根。

江苏省常州市局前街小学李伟平校长仍记得叶澜的追问："当某个学生频繁发言时，其他孩子的思考空间在哪里？"这种对"个体生命在场"的坚持,推动着课堂从"知识剧场"转向"生命牧场"。教师们开始尝试"三不讲"原则:学生能自学的不讲,小组能讨论的不讲,全班能解决的不讲。数据显示,实验班学生的问题意识提升47%,合作学习效率提高62%。

学派创建的"中国方案"

2015年,叶澜凭借《回归突破:"生命·实践"教育学论纲》摘得吴玉章人文社会科学奖,这部酝酿二十余年的著作以"教天地人事,育生命自觉"为核心命题,系统回应了"中国教育学派如何可能"的时代之问。叶澜突破西方教育学理论框架,创造性地将中国哲学中的"生命"概念与教育实践相结合,构建起包含教育本体论、认识论、方法论的完整理论体系。她提出的"教育是直面生命、通过生命、为了生命"的命题,不仅重构了教育价值的哲学基础,更确立了具有中国主体性的教育学话语体系。

在华东师范大学"生命·实践"教育学研究院,年轻学者们延续着叶澜开创的"理实互生"传统。他们既要研读《学记》中"教学相长"的古老智慧,又要带着录音笔深入中小学课堂,捕捉师生互动中的生成性资源。这种"双向构建"的研究范式,使中国教育学首次拥有了与国际对话的学术体系——在国际学界持续深化教育科学性的探讨中,中国学者贡献了"教育是动态生命实践"的理论视角。

该理论的影响远超学术圈。在小学课堂,教师依据"生命自觉"理念重构课堂,将原本单向讲授的语文课变为"诗词创演工作坊",学生自编自导的《江雪》情景剧获全国创新教学奖。更重要的是,这套理论为教育评价改革提供了哲学支撑,推动"唯分数论"向"全人发展"转型。正如《中国社会科学》评述:"叶澜的突破,让中国教育学终于有了自己的'根'与'魂'。"

在叶澜书房的台历上,永远标注着两类日程:学术研讨和学校走访。这两类日程,如同两条交织的脉络,贯穿了叶澜波澜壮阔的教育人生。

从华东师大附小的青涩教师到教育学派的创立者,叶澜用六十个春秋诠释了"教育学的中国化"真谛。她留下的不仅是"生命·实践"教育学的理论丰碑,更是一种扎根中国大地做学问的精神传承。

情境教育就是给孩子一对翅膀：一只是"感"情，一只是"思维"。

——李吉林

教育家小传

李吉林

1938—2019

江苏南通人

小学语文教育专家。她创立情境教育理论，将情感与认知结合，让学生在生动情境中学习。她一生扎根小学教育，不断探索创新教学方法。她注重学生全面发展，培养了无数优秀学子。其情境教育理念与实践为中国小学语文教育改革提供新思路，影响深远，是小学教育界的杰出典范。

李吉林：情境教育开山者

李吉林，中国情境教育创始人，一个用一生在儿童心灵播种诗意的教育艺术家。从江南水乡的农家女到享誉世界的教育名家，她用六十个春秋诠释了"勤学笃行，求是创新"的教育家精神。

从田间地头到教育前沿

1956年，18岁的李吉林从南通女子师范学校毕业，背着简单的行囊走进南通师范第二附属小学。谁也没想到，这个扎着麻花辫的年轻教师，会在未来的岁月里掀起中国基础教育改革的浪潮。

在课堂仍由传统"填鸭式"教学主导的年代，李吉林敏锐捕捉到孩子们眼中的迷茫。当她看到学生为了应付考试反复抄写生字时，内心被深深刺痛："教育不该是禁锢灵性的牢笼！"1978年改革开放的春风吹进校园，已是不惑之年的她毅然踏上革新之路。没有现成教材，她就穿梭在田间巷陌，观察老农耕作、渔民撒网，把最鲜活的生活场景搬进课堂。

情境教育的四重境界

李吉林的办公室里，始终摆着三件"法宝"：泛黄的《文心雕龙》、沾着泥土的野花标本、一摞手绘教学卡片。这些物件见证着她如何从古典文论中汲取智慧,将"意境说"转化为现代教育理念。在《情境教育的诗篇》中,她写道:"教育要给孩子插上情感的翅膀和思维的利剑。"

她独创的"四真"教学法惊艳教育界:情境要"形真",带着学生实地观察牵牛花绽放;情感要"意切",在《小白花》课上用黑白照片和低沉的琴声营造哀思;意境要"理寓其中",通过角色扮演让《乌鸦喝水》的寓言鲜活起来;思维要"启智",用"如果你是司马光"的假设激发创造性。当上海专家组连听五节课后惊叹:"这些孩子眼里有光!"

让课堂通向星辰大海

1987年的冬天,李吉林在野外情境课上摔断了腿。学生们含泪用课桌搭成担架抬她回校,她却笑着说:"这比任何荣誉证书都珍贵。"伤愈后,她拄着拐杖把课堂搬到长江边,让孩子们聆听汽笛声学习《刻舟求剑》。这种"玩学合一"的理念,让实验班学生两年识字量达2688个,远超同龄人。

李吉林与学生在一起

她首创的"主题性大单元课程"更显大家风范：春天带领学生种向日葵学测量，秋天用稻谷教统计，把数学课变成田野调查。当城市孩子对着作文本发愁时，她的学生已写出《蚯蚓日记》《荷塘月色观察录》等生动篇章。1980年，《人民日报》头版以《用心血催开智慧花朵》为题，向全国推介这位"魔法教师"。

让中国教育之声响彻寰宇

2017年，79岁的李吉林带着《情境教育三部曲》亮相国际教育论坛。当她用流利的英语阐述"择美构境、境美生情"理论时，会场响起经久不息的掌声。这位从田埂走来的小学教师，终于让中国教育理论登上世界学术殿堂。

在生命最后的日子里，她强忍病痛修改《情境学习范式》书稿，病房的窗户始终朝向学校操场。2019年7月18日，当救护车载着她最后一次驶离校园时，这个把一生献给儿童的教育家，目光仍凝视着教室的灯光。

李吉林走了，但她播撒的情境教育种子已在中华大地生根发芽。从黄土高原到江南水乡，无数教师在她的理论滋养下成长；从《义务教育课程方案》到"双减"政策，她的教育智慧持续影响着国家教育决策。这位永远的"小学老师"，用一生证明了：真正的教育家，永远扎根在儿童心灵的沃土里。

仁爱之心 RENAI ZHIXIN

第五篇

乐教爱生　甘于奉献

没有爱就没有坚守。
因为被需要，所以才有无数人的甘于奉献。
这些致力于中国乡村教育的教育者们，
没有豪言壮语，也没有过惊天动地的事迹，
但是他们以爱为名，默默奉献，
支撑起了中国乡村教育的现在和未来。

在广袤的中华大地上,广大乡村教师凭借着对学生和教育的热爱,默默辛勤地付出,犹如烛火散发着自己身上的光和热,为学生们照亮了前进的道路。

扫码观看

双星共耀大山未来

精神提炼 ‖ 以大爱为墨,书写乡村振兴篇章

在云南省华坪县女子高级中学,每年高考前,校长张桂梅都会带领全校师生一同宣誓,为即将踏入考场的学子们加油鼓劲。这是一所免费的公办高级中学,自2008年建校以来,已经有2000余名大山里的女孩走进大学校园。这所学校的创办人、校长张桂梅用自己瘦弱的身躯,扛起了大山女孩的求学梦想。为这些女孩创办一所免费高中成了她的奋斗目标。于是,张桂梅四处筹集办学经费。经过6年的努力,2008年,华坪女子高级中学迎来了第一次开学典礼。

| 张桂梅 |

我现在不能上课了,我能干的活我就多干一点儿,让她们少干一点儿,她们能多休息一会儿算一会儿。

张桂梅带领学生做考前宣誓

每天早晨 5 点第一个起床的张桂梅仔细检查每个楼层的安全后,才把学生们唤醒。深夜 11 点 30 分,在孩子们都入睡后,巡查完每一间宿舍,她才会返回自己的房间。时光匆匆,10 多年的高负荷工作,让这位校长身患 20 多种疾病。由于疼痛,张桂梅的手上、胳膊上贴满膏药。而回到宿舍,她还要吃下大把药片,以此支撑起虚弱的身体继续前行。

在张桂梅的教学日历中,除了上课,家访也是重要的一环。2008 年至今,她累计走过 11 万公里的家访山路。她在山路上摔断过肋骨,在行走中也曾晕倒在地,却从未停止过自己前进的脚步。她先后荣获"七一"勋章、"时代楷模"、全国优秀教师等 40 多项荣誉。这些荣誉带来的奖金和大部分工资,全部捐献给山区的教育事业,累计超过 100 万元。

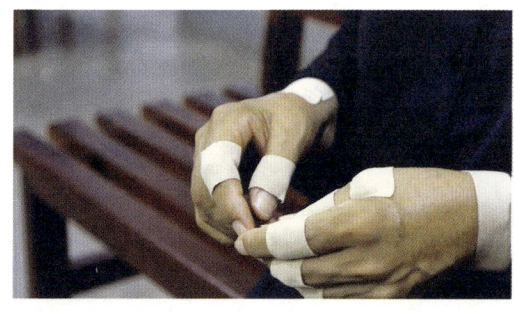

张桂梅的双手

张桂梅和她的学生

这就是华坪县女子高级中学校长张桂梅，一个献身山区教育、为无数大山里的女孩们点亮希望的人，一个任凭风吹雨打依然初心不改的人民教师。

**中国教育学会学校文化研究分会理事长
国家督学　刘可钦**

因为爱，老师和学生在一起的每个当下都充满了意义感和价值感。今天的老师尤其要相信爱的力量，只有用爱去培育爱、激发爱、传播爱，我们才能培养出有爱的学生、有爱的未来。

云贵高原连绵的大山，曾经阻断过很多孩子们求学的梦想。张桂梅穿行于山地间，为女生们播撒梦想的时候，同样在高原连绵的群山里，来自浙江杭州的陈立群，在贵州台江的山谷中也留下了自己坚实的足迹。

> **贵州省台江县民族中学终身名誉校长　陈立群**
>
> 这里有5000元钱，你先拿着。因为所走的路、经历完全不一样，但是我觉得一定要充满自信，成功眷顾坚持者，世界只信自信人……

李有才只是陈立群帮助的诸多学子之一。8年来，他已经在黔东南地区走访了300多户这样的家庭，走过的山路超过6万公里。在来到贵州山区之前，陈立群曾经担任过杭州6所学校的校长。2016年刚刚退休的陈立群，收到杭州一家私立学校的百万年薪和贵州大山深处台江中学支教两份邀约，他毫不犹豫选择了后者。

> **贵州省台江县民族中学终身名誉校长　陈立群**
>
> 我小的时候也辍过学，放过牛、种过田。我觉得人在困难的时候可能只需要一个机会，教育就应该提供这样的机会。

在陈立群眼中，教育应该为山区的孩子创造更多机会。在担任台江县民族中学校长初期，摆在陈立群面前的是一个设施落后、管理混乱的问题学校。全校3000多名学生中，一半是留守学生，很多学生对学习缺乏兴趣，内心也很自卑。面对这样的现状，陈立群对老师们提出了四个字的办学精神——爱与责任。

陈立群做家访

数年来，陈立群坚持家访，足迹遍布大山深处。无论是被家长拒之门外，还是面对曾经自暴自弃的学生，陈立群都没有丝毫退缩，他一次次不厌其烦地和家长进行心灵交流，默默地拿出自己的积蓄支持孩子们重返校园。他的行为让全校的老师和学生们感受到爱与责任，也让学校的校风、学风有了根本转变。

在全校师生共同努力之下，短短4年时间，台江县民族中学的办学质量和办学水平得到了根本性的改变。家长和学生们都非常喜爱台江民中。

陈立群对于教育事业的无私奉献，不仅改变了一所学校的风貌，也改变了当地群众的观念，而他对于学生的关爱，让他收获了孩子们的爱戴。

每年陈立群都会回到台江，回到台江县民族中学，看望这里的师生。老校长的每次到来，都会扣动师生们的心弦，雷鸣般的欢呼是来自师生们最深的记忆。

> **贵州省台江县民族中学终身名誉校长　陈立群**
>
> 我认为在我们民族地区，教育的高质量不是能不能，而是想不想、要不要、做不做、怎么做。我觉得学生走多远取决于教师能走多远，某种意义上，教师是学生命运的"操纵者"，影响着学生的一生。

2022年，中组部、教育部等部门联合启动国家乡村振兴重点帮扶县教育人才"组团式"帮扶工作。离开台江后，陈立群担任了"组团式"帮扶工作专家顾问委员会的副主任委员。他克服了严重"高反"，躲过了山体落石，深入国家乡村振兴重点帮扶县的被帮扶学校。他犹如一个播种者，把希望的种子播撒在这里的每一个山谷，静待它们生根发芽，茁壮成长。

陈立群就这样以坚实的脚步行走在西部山区，但是在乡村教育的路上，他永远不会独行。

近年来，教育部为提高中小学教师特别是乡村教师整体队伍素质，推出的"国培计划"、引导鼓励高校毕业生从事农村教育的"特岗计划"都为乡村教育注入了源源不断的力量，让中国乡村教育的星火成为燎原之势，在广大山区和乡村，为孩子们播撒着无尽的希望。

与此同时，教育部相继推出的师范生公费教育政策，让更多人加入到教师队伍，而国家级人才培养计划——"国优计划"则让许多"双一流"高校毕业生直接来到中小学任教，不断夯实了中国基础教育的力量，让教育强国的脚步行稳致远。

扎根大地，播种希望

精神提炼‖以大地为纸，书写教育报国的壮丽诗篇

一个基因可以拯救一个国家，一粒种子可以造福万千苍生。同为播种者，陈立群为山区教育带来希望，而复旦大学的植物学家钟扬教授，则在青藏高原书写了一段关于"种子"的传奇，为国家和人类留下一份宝贵的财富。

青藏高原有着将近6000个高等植物物种，在全国生物多样性的排名一直位列前三，却从来没有人进行过彻底盘点和种子采集。2001年，钟扬第一次到西藏进行科考，开启了盘点世界屋脊生物家底的征程。16年间，他在青藏高原跋涉超过50万千米，足迹遍布西藏最偏远、最荒芜的地区，为国家收集了上千种植物的4000万颗种子，填补了世界种质资源库的空白。

钟扬深知科考的道路上需要的不仅仅是植物学家，更需要教育工作者。援藏期间，他一边做科研一边教学，为中国培养出第一个藏族植物学博士，为西藏大学申请到第一个生态学博士点，帮助西藏高等教育在生态研究领域迈入国际一流行列。

然而，正当钟扬带领学生们向更高目标迈进的时候，一场意外突如其来。2017年9月25日凌晨，钟扬在出差途中遭遇车祸，生命定格在了53岁。

乐教爱生，甘于奉献的钟扬，把自己的一生都献给了祖国民族地区的教育科研事业。从教30多年来，他始终把学生放在第一位，立德树人，爱生如子，甘为人梯，培养出的一大批学生已经成长为国家急需的科技骨干。钟扬先后被追授全国优秀

钟扬在西藏

共产党员、时代楷模荣誉称号。他把自己为科学、为教育无私奉献的精神，凝聚成一粒闪光的种子，永远留在高原之上、天地之间。

钟扬与西藏的孩子们在一起

7月的太行山上，李保国的妻子郭素萍教授带着学生们穿梭在果园中，帮助农民检查果树的生长情况。

李保国的妻子郭素萍

李保国，河北农业大学教授、博士生导师，经济林专家和山区治理专家。1981年，大学毕业的李保国来到太行山区前南峪村搞山区开发，在治理荒山的过程中，他提出发展果树经济，将荒山绿化与百姓致富有机结合。然而，对于李保国推广的一些果树培育技术，果农们起初并不能完全理解和接受，给苹果套袋便是其中之一。

李保国学生、高级农艺师　杨双奎

百姓不愿意给苹果套袋，李老师就做他们的工作，有些果农跟李老师较真儿，说苹果要是弄不好怎么办？李老说没事，弄好了卖钱是你们的，赔了我给你们钱。我们以前收苹果，最好的苹果是1元钱一斤，其他的都是七八角钱一斤，还有两三角钱一斤的。1996年套袋的苹果是2.7元一斤收购的。

李保国的到来，彻底改变了这里的面貌。他因地制宜开发果树新品种，使得富岗苹果、绿岭核桃等成为当地的重要名片。35年间，李保国的足迹遍及太行山的每个角落，他和农民们同吃同住，用一口地道的当地方言，把最实用、最有效的技术传授给他们。

李保国向果农传授种植技术

2015年，李保国提出了用大树苗重茬建苹果园的新课题。如果课题成功，果树从栽种到丰产的时间就可以从5年缩短到3年，产量也有望大幅提高。然而，就在这个实验开始不久，李保国就因为常年奔波积劳成疾，于2016年因心脏病去世。

李保国用生命实践了自己的诺言，把自己的一生毫无保留地奉献给国家的兴农事业。李保国把乐教爱生、甘于奉献的教育家精神融入自己的血液中，成为人们学习的榜样。他先后被追授全国优秀教师、时代楷模等荣誉称号。习近平总书记称赞他是新时期共产党人的楷模、知识分子的优秀代表和"太行山上的新愚公"。

教育部全国高校师德师风建设专家委员会
主任委员　焦扬

李保国教授甘做太行山上新愚公，钟扬教授的种子精神感动万千群众，都深刻体现了人民教师甘于奉献的教育家精神。这种奉献精神源自仁爱之心，有大爱才有不竭的责任和动力，才能不知疲倦地坚守和奉献。

教育田野上的生命丰碑

精神提炼 ‖ 以坚守为犁,深耕乡村希望的田野

2018年,教育部等部委联合推出"银龄讲学计划"和"高校银龄教师支援西部计划",鼓励更多退休教师到西部山村进行讲学,发挥自己的专业特长,以提升中西部教育发展水平。在这之前,朱敏才夫妇已经先行一步。

2004年,时任中国驻尼泊尔大使馆商务参赞的朱敏才,退休回到北京。一次偶然的机会,贵州偏远山区学生的画面触动了他的内心。自幼生长在贵州农村的朱敏才和曾经担任过高级教师的老伴孙丽娜决定一起到贵州去支教。

兴义市马岭镇(今马岭街道)尖山小学是他们来到贵州的第一站,这里条件之艰苦超出了很多人的想象,学校简陋不堪,房屋漏风漏雨,洗澡都是一件很困难的事,购买物资更是要走几十里山路。

> **朱敏才妻子 孙丽娜**
>
> 我们的宿舍跟学校的公共厕所用的是一堵墙,尤其是到夏天,我们把后窗户打开以后,夜里,那股臭味熏得我们都睡不着觉……

面对艰苦的条件,他们没有退缩。10年的时间里,两位相濡以沫的老人拿出了自己的全部积蓄用于改善学校环境,还动员社会力量募集善款350多万元。每当所在的学校越建越好,他们就会收拾起行囊,去帮助下一所条件更艰苦的学校。他们的身体状况也在这样的奔波劳碌中每况愈下。

当他们来到第 5 所小学时，朱敏才已经年过古稀。2022 年，朱敏才因病离世，而此时的孙丽娜右眼几乎失明，左眼也仅剩下 0.04 的视力。这两位白发皓首的长者用自己的无私奉献，为山区的孩子们打开了一扇希望之门，让他们看到了未来的希望。

朱敏才

孙丽娜

2024 年，63 岁的支月英是江西省奉新县澡下镇白洋教学点的一名退休教师，离开教学岗位还不满半年，她再次回到这里，她想趁着暑期再去陪一陪孩子们。

> 江西省奉新县澡下镇白洋教学点原教师　支月英
>
> 知识改变命运，特别是对我们山里的孩子。

1980 年，19 岁的支月英不顾家人反对，来到偏僻的泥洋小学，成为一名乡村教师。

> 江西省奉新县澡下镇白洋教学点原教师　支月英
>
> 我在泥洋小学一共就四十几年吧，包括泥洋小学和我现在从教的白洋小学，四十多年带出来1000多个孩子。

在旧址前，支月英回想起第一天到校报到的情景——没有

泥洋小学旧址

围墙，没有操场，破败的教室，甚至找不到一口水喝。眼前的一切让她在大山从教的信心开始动摇，她决定第二天一早就离开这里。

> **江西省奉新县澡下镇白洋教学点原教师　支月英**
>
> 　　第二天，我一推开门，几十个孩子就围在我的面前。我发现他们虽然手脏、脸脏，但每个人的每一双眼睛啊，我个人把它想作是求知的渴望，我心底最柔软的那一块被深深地触动了。我就想，既然来了，我就留下来试试看，不管我待多久，我就尽我的能力，把我的知识传递给他们，做山里的一烛小小的光。

就在这样一个闭塞的山村学校，支月英留了下来。最困难时全校只剩下她一名老师。课堂上，要负责孩子们的全科教学；课后，要照顾留守学生的起居。

泥洋小学背靠大山，房屋没有窗户，夏天各种蛇虫会爬进卧室。有一次睡梦中虫子爬进支月英的耳朵，由于错过最佳治疗时间，导致她右耳失聪而留下终身残疾。为给孩子们筹集生活费，支月英暑假期间帮助农民运输竹子，曾遭遇卡车翻车险些丧命。这一次次的磨难都没能挫败她。

2012年2月，泥洋小学撤销，教育部门考虑到支月英年纪偏大，身体欠佳，决定调她下山到镇上中心小学任教，而支月英却选择了更偏远、更需要老师的白洋教学点，走向了大山更深处。

岁月在支月英的脸上刻下印记，诉说着她40多年的坚守与奉献。从"支姐姐""支妈妈"到两鬓斑白的"支奶奶"，40多年的坚守，她牺牲自己却托起了孩子们的未来。

> **教育部全国高校师德师风建设专家委员会**
> **副主任委员　张金刚**
>
> 支月英老师、朱敏才夫妇扎根深山，生动诠释了教育家精神甘于奉献的深刻内涵。我们广大的教师要以他们为榜样，乐教爱生，甘于奉献，为党育人，为国育才，为强国建设、民族复兴贡献我们的力量。

没有爱就没有坚守。因为被需要，所以才有无数人的甘于奉献。这些致力于中国乡村教育的教育者们，没有豪言壮语，也没有过惊天动地的事迹，但是他们以爱为名，默默奉献，支撑起了中国乡村教育的现在和未来。

在广袤的中华大地上，在乡村之外的其他广大地区，无数教育者和这些乡村教师一样，凭借着对学生和教育的热爱，默默辛勤地付出，犹如烛火散发着自己身上的光和热，为学生们照亮了前进的道路。在他们身上同样闪耀着乐教爱生、甘于奉献的教育家精神的光芒。

> 只要还有一口气,我就要站在讲台上,倾尽全力、奉献所有,九死亦无悔!
>
> ——张桂梅

教育家小传

张桂梅

1957年出生于黑龙江省牡丹江市

云南省丽江市华坪县女子高级中学党支部书记、校长。她扎根贫困山区四十余载,创办全国第一所全免费女子高中,帮助无数山区贫困女孩通过知识改变命运。身患多种疾病,却始终坚守岗位,忘我工作。她以无私大爱,照亮山区女孩的求学路,用生命践行教育使命,是教育战线上的"燃灯校长",激励着无数人投身教育扶贫事业。

张桂梅：大山深处燃灯者

在滇西北的群山褶皱里，张桂梅用羸弱的身躯扛起了一代人的命运。这位身患20多种疾病的校长，每天靠10多种药物支撑，却在华坪县女子高级中学的操场上举着喇叭嘶吼："跑快点！你们要跑在时间前面！"这声嘶力竭的呐喊，是2000多个大山女孩改写命运的冲锋号。

于命运谷底绽放教育星辰

1994年末，张桂梅丈夫确诊胃癌晚期，虽倾尽积蓄救治，仍于1996年离世。受此打击，她离开大理来到当时深度贫困的华坪县民族中学。当地的贫困状况令她心酸：家长带着东拼西凑来的零钱交学费，孩子只吃饭不吃菜……更令她痛心的是女孩频繁辍学，有的被迫嫁人，有的被迫打工。她开始翻山越岭做家访，目睹的一幕幕令她心碎：高三女生辍学干活，家长却送小学儿子补课；母亲贷款供儿子读书，女儿却早早出嫁。

张桂梅做学生家长的工作

就在张桂梅将全部精力投入教学时，命运再次给予她重击。1997年，张桂梅被查出子宫肌瘤，腹腔肿胀如怀孕5个月。无钱医治的她本想放弃，华坪县妇联发起募捐活动为她筹集医疗费，一位妇女甚至捐出仅剩的5元路费。这份深情让她泣不成声："至死都不会忘！我愧对这片大山，一定为这块土地做事！"正是这份承诺，改变了她和数千名山区女孩的命运。

在绝望之巅点亮星光

2002年，张桂梅开始编织那个被世人嘲笑的"狂想"——建一所全免费女子高中。为筹钱，她在昆明街头售卖荣誉证书，曾被保安放狗追咬。

转机出现在2007年。作为党的十七大代表，她穿着磨破的牛仔裤参会，被记者发现。记者的一篇《"我有一个梦想"——访云南省丽江市华坪县民族中学教师张桂梅代表》的报道引起轰动，丽江市政府当即拨款200万元。2008年9月，当100名山里的女孩走进华坪女高时，张桂梅躲在教室角落泪如雨下——这所没有围墙、没有食堂、没有宿舍、没有厕所的学校终于出现转机，众多深山女孩的前路亮起了的希望星光。

用红色基因铸造脊梁

在华坪女高，张桂梅发明了"魔鬼训练法"：学生早晨5点起床，晚上12点睡觉，吃饭时间精确到秒。她像守夜人般巡查教室，小喇叭24小时不离身："姑娘们，读书苦一阵子，不读书苦一辈子!"当有老师抱怨"这么搞会出人命"时,她举起贴满膏药的手:"这些孩子输不起,我们拼上命也要送她们出大山!"

她独创的"红色教育"震撼人心:新生入学先抄党章,每天课前高唱《红梅赞》,墙上镌刻着巨幅党旗和"我生来就是高山"的誓言。2011年首届毕业生高考,100%的上线率创造了教育奇迹。更令人震撼的是,这些曾经怯懦的山村女孩,如今在浙江大学、厦门大学的校园里挺直了脊梁。

让生命之光永续燃烧

张桂梅的宿舍永远备着速效救心丸,但她的脚步从未停歇。13年家访路,她摔断过肋骨,在泥石流中爬行,却把1300多个家庭的冷暖刻进心里。当得知学生父母双亡时,她把孩子接回家:"从今往后,我就是你的妈!"2019年寒冬,她拖着风湿病发作的腿翻越雪山,只为给辍学女孩送去录取通知书。

如今,华坪女高走出的2000多名女孩,正以"张妈妈"为榜样,奋斗在各行各业:有的回到大山成为教师,有的穿上白大褂救死扶伤,还有的加入大学生志愿服务西部计划,赴基层开展志愿服务。正如毕业生周云丽放弃县城工作机会回校任教时所说:"张老师教会我们,最亮的星光不在天上,而在彼此眼中。"

在"七一勋章"颁授现场,张桂梅贴满膏药的手让人心碎,但当她说出"我这辈子的价值,就是救了一代人"时,响起了雷鸣般的掌声。这个用生命照亮大山的女性,早已把自己活成了一座灯塔,在滇西北的群山之间,永远闪烁着不灭的光芒。

给钱总是要花光的，给物资总是要用完的，唯有把农民的孩子培养好，才能使家庭的贫困不会成为世袭。

——陈立群

教育家小传

陈立群

1957年出生于浙江杭州

浙江省杭州学军中学原校长，退休后赴贵州省台江县民族中学支教。他不图名利，拒绝高薪聘请，一心扑在山区教育上。通过改革管理、提升教学质量，让台江县民族中学焕然一新，众多学生考上大学。他以教育扶贫为己任，用行动诠释教育者的担当，为山区孩子打开希望之门，是教育扶贫的楷模。

陈立群：支教黔东南的校长

陈立群，这位从杭州学军中学退休的老校长，本可安享悠闲晚年，却毅然奔赴贵州黔东南的偏远山区，用爱与责任书写了一段感人至深的教育扶贫传奇。

毅然支教，开启教育扶贫征程

2016年，头顶"全国名校长"光环的陈立群，从杭州学军中学校长任上退休。此时，民办中学向他抛出百万年薪的橄榄枝，然而，他心中牵挂的却是那些大山深处渴望知识的孩子。陈立群拒绝了优厚的待遇，来到贵州黔东南苗族侗族自治州台江县民族中学支教，并且开出了分文不取的唯一"条件"。

"给我100万元，还不如看到一个贫困学生考上大学让我高兴。"这句朴素的话语，道出了陈立群内心深处对教育公平的执着追求。他深知，在贫困地区，教育是阻断贫困代际传递的治本之策，是改变无数家庭命运的关键所在。

深耕苗乡，提升学校教学质量

初到台江县民族中学，陈立群面临着诸多难题。学校教学质量不高，高考本科上线率低，教师队伍缺乏活力和专业素养。但他没有丝毫退缩，凭借着丰富的教育经验和先进的教学理念，迅速投入到学校的改革与发展中。

他坚持把帮助贫困家庭孩子求学成长作为己任，翻山越岭、走寨访户，足迹遍布台江县所有乡镇的主要村寨。家访过程中，他自费资助了 180 多户苗族贫困家庭，用实际行动给予孩子们温暖与鼓励。他深知，只有走进学生的家庭，了解他们的生活环境，才能更好地因材施教，帮助他们树立信心，追逐梦想。

在教学管理方面，陈立群引入先进的教学理念，设立陈立群奖教金，大力培养教师队伍。他把自己所获国务院政府特殊津贴和杭州市杰出人才奖的奖金共 20 多万元拿出来，奖励那些有爱心、有责任心、有能力的优秀教师。这一举措极大地激发了教师们的工作积极性和创造力，为学校培养一支优秀的教师队伍。

在他和老师们的共同努力下，台江县民族中学的教学质量大幅提升。2018 年，学校打破了高考 11 年无 600 分以上"纪录"，8 人考过 600 分，450 人考取本科。高考本科上线率从 2016 年的 22.8% 上升到 2022 年的 81.69%。2021 年，杨桃同学被清华大学录取，打破了台江民中无人考上清华北大的历史。这些成绩的取得，离不开陈立群的辛勤付出和无私奉献。

辐射带动，培养带不走的教师队伍

陈立群深知，支教的根本任务是增强贫困地区教育可持续发展的造血功能。为了实现这一目标，他不仅关注台江县民族中学的发展，还积极发挥辐射带动作用，为黔东南地区培养一支带不走的教师队伍。

他以"贵州省陈立群名校长领航工作室"和"黔东南州校长教师专业发展培训首席专家"为平台，义务作报告开讲座100多场，足迹遍及黔东南州16个县市以及省内多个地区，接受培训的校长教师逾万人。在讲座中，他毫无保留地分享自己的教育经验和教学理念，鼓励校长和教师们勇于创新，不断提升自己的专业素养。

他还带领团队开展入校诊断活动，通过走访参观、听课巡课等环节，为学校发展"把脉、问诊、开方"。这种手把手指导、实打实引领的方式，打通了校长管理理论与实践的壁垒，为学校办学质量的整体提升提供了有力支持。

2020年8月，陈立群卸任台江县民族中学校长一职，但他并没有停下教育扶贫的脚步。他应邀赴京为派驻国家重点帮扶县的校长们做首站培训，推广台江教育帮扶的经验；他担任贵州省民族地区基础教育质量提升行动计划专家委员会副主任委员，为贵州的教育发展献计献策；他深入贵州的各个地区，对当地从小学到高中整个义务教育阶段的学校进行"诊断"，与校长、老师们一起探讨存在的问题和解决的办法。

陈立群，这位支教黔东南的校长，以无私的奉献和坚定的信念，为贫困地区的教育事业带来了希望和改变。他的故事，如同一首激昂的赞歌，激励着更多的人投身于教育扶贫事业，为实现教育公平和社会公平贡献自己的力量。

一个基因可以拯救一个国家,一粒种子可以造福万千苍生。

——钟扬

教育家小传

钟扬

1964—2017

湖南邵阳人

复旦大学教授、植物学家。他长期致力于生物多样性研究和保护,16年间在青藏高原行程超过50万公里,采集上千种植物的4000万颗种子。他投身教育事业,培养大量科研人才。他以生命为代价,在科研与教育领域默默耕耘,为国家和人类留下宝贵财富,其精神激励着后来者在科研与教育之路上奋勇前行。

钟扬：高原种子追梦人

曾经，在青藏高原的崇山峻岭间，经常出现一位身着褪色牛仔裤、背着黑色双肩包的男子身影。他时而弯腰采集植物种子，时而驻足观察高原生态，时而与藏族学生热烈讨论学术问题。这位被当地人称为"种子猎人"的科学家，正是复旦大学生命科学学院教授钟扬。他用 16 年时光，在生命禁区书写了一段关于种子、学生与奉献的传奇。

一粒种子的使命

2001 年，47 岁的钟扬第一次踏上青藏高原。这片占中国国土面积 1/7 的土地，拥有超过 6000 种高等植物，占全国植物种类的 1/3，却在全球最大的种质资源库中几乎是空白。当他在海拔 4500 米的色季拉山发现一株濒危的西藏巨柏时，一个念头在心中萌发："我要为人类建一座来自世界屋脊的'种子方舟'。"

采集种子远比想象中艰难。高原反应如影随形，钟扬常因头痛欲裂而彻夜难眠；七八天吃不上热饭是常态，渴了就喝河里的冰水；夜晚宿在牦牛皮帐篷里，零下 20℃ 的低温让三床被子也难以御寒。2013 年，团队在珠峰北坡海拔 6100 米处发现鼠麴雪兔子时，钟扬不顾严重的高原反应，坚持亲自采样，最终，这株生长在地球最高处的植物，成为人类采集到的海拔最高的种子样本。

16年间，钟扬带领团队跋涉50万公里，采集了上千种植物的4000万颗种子，种子种类约占西藏高等植物种类的20%。这些种子被送入中国西南野生生物种质资源库，在-20℃的低温下可保存数百年，对未来生物育种、生态修复具有不可估量的价值。

一棵树的担当

在钟扬看来，种子的价值不仅在于保存，更在于培育。2010年，作为中央组织部第六批援藏干部，他发现西藏大学生态学科存在"三个没有"：学科没有教授，教学科研团队中没有博士，课题申请没有基础。他意识到，这片神奇的土地需要的不仅仅是科学家，更需要教育工作者。于是，钟扬萌生了打造高端人才援藏新模式的梦想，想借鉴东部教育模式，发展西部教育，为西部培养人才、建设学科。

为打破人才困境，钟扬开创了"组团式"援藏模式。他亲自带队到西藏各地市选拔苗子，甚至把招生广告贴到牧区帐篷上。钟扬曾说："培养学生就像我们采集种子，每一颗种子都很宝贵，你不能因为他外表看上去不好看就不要，对吧？说不定这种子以后能长得很好。"对于患有肌无力无法进行野外作业的学生，他安排其负责实验室管理；对因家庭贫困想退学的学生，他悄悄垫付学费。

在科研指导上，钟扬以近乎严苛的标准要求学生。博士生拉琼的论文曾被修改了37遍，从标点到逻辑，从数据到结论，钟扬用红笔标注得密密麻麻。

16年耕耘,钟扬为西藏播撒下希望的种子:培养了首位藏族植物学博士扎西次仁,带领西藏大学生态学科进入国家"双一流"建设名单,带出西藏首个生物学教育部创新团队。如今,他的学生已遍布西藏、新疆、青海等地,成为守护高原生态的中坚力量。

一盏灯的温暖

钟扬的办公室永远向学生敞开。深夜11点,当整个复旦校园沉入梦乡,他仍在灯下批改论文、回复邮件。学生徐翌钦记得:"钟老师总说'有问题我来',哪怕是凌晨两点,他也会接听我们的电话。"

2015年,钟扬突发脑出血,医生严禁他再赴高原。但仅3个月后,他又出现在拉萨实验室。"西藏的工作不能停,植物等不起。"他这样说服妻子。为节省时间,他一年飞行167次,在

钟扬带领学生做科研

机场候机时还在修改课题申请书。

钟扬的奉献不仅体现在科研上，更融入日常点滴。他自费 20 万元发起"西藏大学生走出雪域看内地"活动，带 80 多名藏族学生赴上海交流；为贫困学生购买电脑、报销火车票；甚至把诺贝尔奖得主请到西藏大学作报告。他说："教育是点燃火种，而不是灌满瓶子。"

一座山的回响

2017 年 9 月 25 日，钟扬在赴内蒙古授课途中遭遇车祸，生命定格在 53 岁。消息传来，西藏大学师生自发聚集在布达拉宫广场，点燃千支蜡烛为他送行。

2018 年，中宣部授予钟扬"时代楷模"称号，颁奖词这样写道："超越海拔 6000 米，抵达植物生长的最高极限；跋涉 16 年，把论文写满高原。倒下的时候，双肩包里藏着你的初心、誓言和未了的心愿。你热爱的藏波罗花，不屑于雕梁画栋，只绽放在高山砾石之间。"

钟扬的一生，是追梦的一生，更是奉献的一生。他像一粒种子，在高原生根发芽；他如一盏明灯，照亮学生前行之路；他似一座丰碑，镌刻着科学家的担当与教育者的情怀。

> 把我变成农民，把更多农民变成我。
>
> ——李保国

教育家小传

李保国

1958–2016

河北武邑人

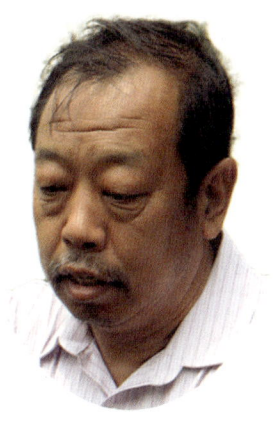

河北农业大学教授。他35年如一日扎根太行山，把课堂搬到山间地头，用科技帮助农民脱贫致富。他推广36项林业技术，让140万亩荒山披绿，带领10万农民脱贫。他以"太行新愚公"的精神，将论文写在太行山上，用生命诠释了教育服务社会、科技助力脱贫的深刻内涵，是教育工作者投身乡村振兴的杰出代表。

李保国：太行山上的新愚公

在巍巍太行山的褶皱里，一位身着褪色中山装、脚蹬胶鞋的林业专家，35年如一日地穿梭于荒山野岭与田间地头。他用布满老茧的双手，在石头缝里抠出万亩良田；用沾满泥土的笔记本，记录下果树生长的每一个数据；用沙哑的嗓音，将科技知识播撒进千万农民心田。他就是河北农业大学教授李保国，一位被乡亲们亲切地称为"太行山上新愚公"的科技扶贫先锋。

石缝里抠出"绿宝石"

1981年，23岁的李保国作为恢复高考后的首届大学生，在河北林业专科学校（后并入河北农业大学）毕业后留校任教。当学校决定在太行山区建立产学研基地时，这个出生于冀中平原贫困农村的青年，主动请缨奔赴邢台前南峪村。这个被当地人称为"光头山"的村落，土层薄如纸片，石头裸露率高达80%，"年年种树不见树，岁岁造林不见林"的魔咒困扰着世代村民。

李保国带着妻子和年幼的孩子，住进半山腰两间漏雨的石板房。白天，他揣着干粮翻山越岭，用地质锤敲打每一块岩石，记录土壤酸碱度；夜晚，在灯下绘制等高线图，计算爆破炸药用量。经过137次试验，他首创"聚集土壤、聚集径流"的爆破整地技术，在石头山上炸出一个个"聚宝盆"。当第一株板栗苗在炸开的土坑中抽出新芽时，村民们这才发现，这个戴着眼镜的"书生"，竟比老农更懂土地。

前南峪村的改变堪称奇迹：林木覆盖率从9%跃升至90.7%，人均收入从80元增长到1.2万元。昔日的荒山秃岭，如今"山顶洋槐戴帽、山中果树缠腰、山底梯田抱脚"，成为联合国环境规划署的生态治理样板。

苹果园里的"128道工序"

1996年，一场特大洪水冲毁了内丘县岗底村200多亩耕地，李保国带着科技救灾团队进驻时，村民们正对着溃堤的果园抹眼泪。"见不得老百姓受穷"的他，在泥泞中蹲了三天三夜，发现洪水冲刷暴露出果树栽培的深层问题：传统种植方式导致果实品质参差不齐，好苹果卖不上价，次果烂在地里。

为破解困局，李保国独创"富岗苹果128道标准化生产工序"。从冬季修剪的"三芽剪法"到花期授粉的"蜜蜂时钟管理"，从疏果时的"间距25厘米黄金法则"到套袋前的"三遍补钙技术"，每个环节都精确到厘米、克数、分钟。村民杨双奎至今记得，李教授为推广套袋技术，自费购买16万个果袋，手把手教大家"左手托袋，右手旋腕，袋口扎紧三道褶"的动作要领。

当年秋天，套袋苹果大获成功，比没套袋的价值高出十几倍，村民这才心服口服，随后购买果袋数量逐年递增。如今，"富岗苹果"连锁基地覆盖11个县369个村，带动7万农民脱贫。更令人惊叹的是，李保国将这项技术编写成通俗易懂的《苹果标准化生产歌谣》，连不识字的老人都能跟着节拍哼唱。

课堂设在田埂上

"搞科研要像农民种地，春播秋收，脚踏实地。"这是李保国常挂在嘴边的话。他打破大学课堂与田间地头的界限，把本科生带到荒山野岭上测量土壤含水率，让研究生在果园里撰写开题报告。河北农业大学林学院至今流传着"三个一"传统：新生入学先下乡一周，毕业答辩前完成万字调研报告，每位学生必须掌握三项实用技术。

2015年深冬，博士生孙萌的论文被李保国凌晨4时36分返回修改稿。邮件里除了密密麻麻的批注，还有一句："果园防冻液配比数据需重新验证，明天我们再去岗底村测一次。"这样的场景，在李保国35年的教学生涯中重复了无数次。他先后承担11门本硕博课程，年授课416学时，却从未调过一次课。即便在心脏病发作前三天，他还在给本科生讲授"经济林栽培学"。

手机里的"400个农民"

李保国的手机通讯录里存着400多个农民的电话，从"井陉核桃老张"到"洛阳苹果王婶"，每个名字都标注着种植品种和问题类型。2016年春节，平山县葫芦峪的果农李建国深夜打来电话："李教授，我的核桃树突然落叶了！"正在病床上的李保国强撑着坐起，通过视频指导他检查根系："你挖开土层15

厘米,看看有没有白色菌丝……"这样的"远程会诊",他坚持了整整15年。

为让更多农民掌握技术,他举办800余场培训班,培训9万余人次。在临城县绿岭核桃基地,他首创"重茬苹果园大苗建园技术",使果树提前两年挂果;在南和县建立全国首个红树莓组培中心,让昔日的盐碱地长出"红宝石"。更难得的是,他坚持"三不原则":不拿工资、不占股份、不收讲课费。当企业送来技术转让费时,他转身买了新果袋送给村民。

生命最后的48小时

2016年4月8日至10日,是李保国生命最后的48小时。这48小时里,他依然奔波在科研与扶贫的路上,用生命践行着对太行山和农民的承诺。

4月8日上午,他在顺平县参加省科技厅山区开发会议后,匆忙赶回保定,召集课题组成员为次日石家庄的3个科技项目验收会作准备。下午3时,他亲自驾车带团队奔赴石家庄,途中反复确认验收细节,直至深夜仍逐一敲开成员房门,检查验收表、投影仪等是否准备就绪。

4月9日,验收会持续至中午,他顾不上休息,又赶往果树节水灌溉项目会议。傍晚返回保定后,他仍通过电话指导南和县红树莓产业园建设,直至晚上9时多。

4月10日凌晨2时,因长期过度劳累,他突发心脏病。尽管妻子发现异常后紧急呼救,但凌晨4时,这位把论文写在太行山上、用科技带领10万农民脱贫的"太行新愚公",永远离开了。

这 48 小时，是他 35 年扶贫生涯的缩影——争分夺秒、无私奉献，直至生命最后一刻。

精神永续的"科技方舟"

李保国走了，但他留下的"科技方舟"仍在航行。妻子郭素萍继承丈夫遗志，带领"李保国山区开发与林果产业创新团队"继续奔走在太行山间。他们改良的"富岗苹果"获得国家地理标志认证，研发的"绿岭核桃"成为 G20 峰会指定产品，建立的"智慧果园"系统让农民通过手机就能管理千亩林地。

更令人欣慰的是，李保国培养的 67 名研究生中，有 19 人成为省级科技特派员，41 人扎根基层农业岗位。博士生杨双奎发明的"苹果树体改造技术"，使单株产量提高 40%；硕士生张雪梅在曲阳县推广的"山地滴灌系统"，让旱地樱桃亩产翻番。这些"新愚公"们，正用科技之火点亮更多贫困山乡。

"太行山作证：李保国没有走！"这位把论文写在大地上的教授，用生命诠释了"把科技变成农民的笑脸"的誓言。当春风再次吹绿太行山时，漫山遍野的果树都在诉说同一个故事：真正的丰碑，不在纪念馆的展柜里，而在百姓脱贫致富的笑声中。

> 我们老了,但我们的心不能老,要为山里的孩子做点事。
> ——朱敏才

教育家小传

朱敏才

1942—2022

贵州黄平人

朱敏才曾是外交官,孙丽娜是北京小学英语教师。退休后,他们放弃安逸生活,奔赴贵州偏远山区支教。他们克服生活艰苦、身体不适等困难,为山区孩子带去知识和希望。他们以无私奉献的精神,在山区教育一线默默耕耘,为改变山区教育面貌贡献力量,成为人们心中的"最美乡村教师"。

朱敏才和孙丽娜：银龄支教写大爱

在贵州连绵的群山间，两位银发老人用脚步丈量教育的温度，用生命诠释奉献的深度。他们就是退休外交官朱敏才与小学英语教师孙丽娜。这对年逾花甲的夫妇，放弃北京的安逸生活，扎根贵州山区支教九载，在贫瘠的土地上播撒知识的种子，用爱与坚守书写了一段跨越年龄与地域的动人篇章。

一场跨越千里的教育奔赴

2005 年春，一则贵州山区教师紧缺的新闻深深刺痛了孙丽娜的心。画面中，年轻女教师背着襁褓中的婴儿站在漏雨的教室里讲课，孩子们冻得通红的小手紧紧攥着破旧课本，那双渴望知识的眼睛让这位北京小学英语教师彻夜难眠。拥有近 40 年教龄的她，突然意识到自己引以为傲的教学经验，竟从未真正触达最需要教育的角落。

"我们去贵州支教吧！"当孙丽娜向刚从中国驻尼泊尔大使馆退休的丈夫朱敏才提出这个想法时，这位走遍半个地球的外交官没有丝毫犹豫。他望着妻子眼中闪烁的坚定，只说了一句："你去哪儿，我就去哪儿。" 5 月 28 日清晨，两人背着装满教具的帆布包，挤上了开往贵阳的绿皮火车。没有鲜花掌声，没有媒体报道，只有两双磨破的旧皮鞋，和一颗"想为山区孩子做点事"的朴素初心。

经《贵州都市报》牵线，他们来到望谟县复兴镇第二小学。斑驳的校门内，三间土坯教室破旧不堪，黑板裂痕里爬满蚂蚁，孩子们操着浓重的方言喊"老师好"。孙丽娜在教室后墙贴上手绘的 26 个字母表，朱敏才用外交官的严谨制订教学计划。当第一个孩子用磕绊的英语说出"Hello"时，两位老人相视而笑——他们知道，这场跨越千里的教育长征，终于迈出了最坚实的第一步。

在石头缝里种下希望

2008 年，一封匿名信让朱敏才夫妇陷入沉思。信中写道："你们在县城支教，可真正缺老师的是更偏远的山村。"这句话如重锤般敲击着他们的心。很快，他们得知黔西南州兴义市马岭镇尖山苗寨小学的困境：全校仅有一位代课教师，两间教室连窗框都没有。

"我们去尖山！"朱敏才夫妇做出决定。从镇上到苗寨，需徒步 4 小时山路。第一次进村时，眼前的景象让两人揪心：学

朱敏才夫妇
前往贵州

校由村民背石垒砌而成，教室的窗户只是空洞的缺口，唯一的代课教师李云贵每月工资仅 400 元。当晚，他们挤在教师办公室改造成的宿舍里，与厕所仅一墙之隔，夏日臭气熏天，水池里甚至漂浮着蛆虫。孙丽娜戴着两层口罩才能入睡，朱敏才却笑着说："这比当年派驻尼泊尔时条件好多了。"

第二天清晨，朱敏才站在破旧的讲台上，用贵阳方言说："从今天起，我们就是你们的老师。"他重新编排课表，增设英语、体育、音乐课；孙丽娜则自编卫生手册，教孩子们洗手、刷牙、说普通话。尖山苗寨的孩子们第一次唱起了汉语歌，第一次在文艺汇演中登台表演。当家长们看着孩子们自信地跳起舞蹈，不少人激动得落泪。

在尖山的一年里，朱敏才几乎走遍了全村 83 户人家，用自购的相机为每位村民拍照留念。他教孩子们画"六何图"（何人、何时、何地、何物、何如、何故），用国际通行的新闻要素打开他们认识世界的窗口。孙丽娜则每周上 32 节课，从语文到音乐，一人撑起半所学校。因长期紫外线照射和营养不良，她的右眼逐渐失明，左眼视力仅剩 0.03，但她依然坚持用放大镜批改作业。

用生命点亮最后一盏灯

2010 年，朱敏才夫妇转战遵义县（今遵义市播州区）龙坪镇中心小学。这里 20% 的学生是留守儿童，教学楼虽经修整，但师资依然匮乏。朱敏才的英语课堂成了孩子们的"魔法世界"：他摒弃照本宣科，让学生分组用英语模拟购物、问路；

课间，他教孩子们跳交谊舞，培养自信。六年级学生李毅从不敢说话到主动用英语与记者交流，他说："朱老师教我们怎么提问，现在我能和外国人说几句话了！"

孙丽娜则化身"募捐大使"。她联系了北京的亲友，为学校筹集了 87 台电脑、1000 余册图书，还争取到 300 万元建房款。2013 年她回京治病期间，仍惦记着山里的孩子，通过女儿牵线捐来 20 台电脑。2014 年，夫妻俩将"天天正能量"奖的 10 万元奖金全部捐出，用于修建食堂和电脑教室。

然而，长期的高原生活和超负荷工作开始侵蚀他们的健康。朱敏才患上了严重的高血压和脑梗，孙丽娜体内重金属超标，多次因慢性腹泻住院。2014 年 10 月 25 日深夜，朱敏才在备课室突发脑出血，倒下的那一刻，他的手中还攥着未批改完的作业本。

精神火种永续传递

朱敏才昏迷的消息传开后，龙坪镇的村民连夜举着火把下山求医，孩子们用稚嫩的笔迹写下祝福卡："朱老师，您快点好起来，我们还想学英语。"经过抢救，朱敏才脱离了生命危险，但留下了后遗症。即便如此，他仍念叨着："等我能走了，还要回贵州。"

2022 年 9 月 25 日，朱敏才在北京逝世，享年 80 岁。按照遗愿，他的遗体捐献给医学研究机构。孙丽娜强忍悲痛，继续奔走在公益路上。她用社会各界的捐款成立助学基金，帮助更多山区孩子完成学业。她说："老朱没走完的路，我来接着走。"

朱敏才夫妇的支教事迹感动了无数人。他们荣获"感动中国 2014 年度人物""全国道德模范"等称号，但最让他们珍视的，是孩子们的成长。如今，尖山苗寨小学走出了第一位大学生，龙坪镇中心小学的英语成绩跃居全县前列。那些曾被他们改变的孩子，正带着自信走向更广阔的天地。

照亮教育公平的未来

朱敏才和孙丽娜的故事，诠释了知识分子的家国情怀、教育工作者的使命担当。他们用九年时光证明：教育不是单向的付出，而是生命的相互滋养。朱敏才常说："保尔·柯察金说'人的生命应当这样度过'，这就是我们的信念。"孙丽娜则把支教比作"种树"："我们走了，但树会长大，会结果。"

在贵州的群山间，朱敏才夫妇种下的不仅是知识的种子，更是希望的火种。他们用银龄之躯扛起教育公平的重担，用无私大爱诠释"师者"二字的千钧重量。当春风再次吹绿苗岭，漫山遍野的果树都在诉说同一个真理：真正的教育，是让每个孩子都能抬起头，带着自信走向未来。

不是因为有希望才选择坚守,而是因为只有坚守了,才有希望。

——支月英

教育家小传

支月英

1961年出生于江西省南昌市进贤县

江西省奉新县澡下镇白洋教学点教师。19岁起,她坚守深山小学40多年,从"支姐姐"变成"支妈妈",再到"支奶奶"。她跋山涉水接送学生,用微薄的工资为学生垫付学费、买学习用品。她以坚韧不拔的毅力,在艰苦环境中坚守教育初心,用爱与责任守护山区孩子的梦想,成为乡村教育的一座丰碑。

支月英：深山女童摆渡人

在江西省奉新县澡下镇的深山褶皱里，一位身形瘦削的女教师用41年光阴在悬崖峭壁间凿出一条通向未来的路。她叫支月英，一个用青春换来千名学子走出大山的"摆渡人"，用失聪的右耳和失明的右眼为深山女童点燃希望的提灯者。

19岁少女的惊世抉择

1980年的夏天，19岁的支月英攥着奉新县教师录用通知书，站在人生的十字路口。母亲含泪阻拦："你要是去了那山里头做老师，我一辈子不认你这个女儿！"彼时的泥洋小学深藏在海拔千米的崇山峻岭间，从奉新县城出发需先乘两小时汽车颠簸百余里山路，再徒步5小时穿越20里羊肠小道。当支月英终于站在学校门口时，眼前的景象让她倒吸冷气：三间漏风的土坯房，课桌是村民拼凑的树桩与门板，十几个衣衫褴褛的孩子挤在斑驳的黑板前，用冻得通红的小手抄写生字。

首夜的山风呼啸声与野兽嚎叫交织，支月英蜷缩在木板床上彻夜难眠。但当晨光穿透云雾照亮教室时，那些澄澈如山泉的眼睛让她瞬间顿悟："城里的孩子能享受优质教育，山里的孩子同样需要知识改变命运。"这个倔强的南昌姑娘从此扎根深山，用扁担挑着课本翻山越岭，在结冰的溪水上凿冰接送学生，用体温焐热冻僵的粉笔继续授课。

教育扶贫的拓荒者

支月英对山区教育的奉献，体现在一个个毫不犹豫的行动里。面对家庭贫困交不起学费的学生，她没有丝毫迟疑，用自己那本就微薄的工资为学生垫付，哪怕自己的温饱因此没了保障，也从未后悔过。校舍年久失修、破败不堪，她心急如焚，自掏腰包购置材料，精心修缮，让冬日的寒风无法侵袭孩子们的学习之所。学校地处偏远不通班车，每逢开学季，她便和同事们肩挑手提，沿着20多里崎岖山路，将课本、粉笔等物资运上山，即便累得腰酸腿疼，也从未有过一句抱怨，始终坚守在教育的岗位上。

那时，教学物资极度短缺，支月英没有坐等援助，而是就地取材、大胆创新。她带领学生走进山林，用树叶、树枝制作识字卡片，让孩子们在亲近自然的同时，轻松掌握知识；她将石头当作粉笔，在平整的地面书写算式，开展生动的数学启蒙；她还把废弃的纸盒收集起来，裁剪、拼接成简易的教具，让抽象的几何图形变得直观可感。

为了让孩子们拓宽视野，支月英四处奔走借阅书籍。没有图书馆，她就把自己的住所变成"图书角"，一本本珍贵的书籍在这里流转，滋养着孩子们求知的心灵。她组织读书分享会，鼓励孩子们交流读书心得，在思维的碰撞中激发智慧的火花。

教育不仅是知识的传授，更是心灵的启迪。支月英用温暖的话语和耐心的引导，给予孩子们自信和勇气，让他们相信自己可以通过知识改变命运。在她的努力下，整个山村充满了浓厚的学习氛围，孩子们眼中闪烁着对未来的憧憬。

用教育编织五彩梦

2012年,组织考虑支月英身体状况欲调她下山,白洋村村民却连夜写下万言请愿书。51岁的她毅然转战更偏远的白洋教学点,用失明的右眼"丈量"出崭新的校舍蓝图。施工期间,她每天凌晨4点起床备课,白天在工地搬砖运瓦,晚上打着手电筒给工人做饭。当3层教学楼拔地而起时,村民们发现支老师的右手因常年握粉笔已严重变形,却依然能精准地在黑板上画出标准的几何图形。

在支月英的"全能课堂"上,数学课是丈量毛竹的最佳角度,语文课是描写山间云雾的比喻练习,自然课是观察竹笋破土的生命教育。她独创的"动静搭配教学法"让混龄班级实现高效学习:高年级学生辅导低年级作业时,她穿梭其间指导解

支月英和她的孩子们

题思路；劳动课上，孩子们在支老师带领下开垦出两亩菜园，种出的蔬菜不仅改善伙食，还成为数学课的实物教具。

千万个"支月英"的觉醒

2016年，以支月英为原型的电影《一生只为一事来》感动了全国。当观众为片中"支老师"冒雨护送学生过河的场景落泪时，现实中的支月英正在泥洋山涧背学生过独木桥。她的学生涂莎继承衣钵成为乡村教师，在支月英曾经用过的黑板前写下："您教会我，教育是点燃火种而非填满容器。"

在支月英的感召下，澡下镇涌现出20余名青年支教教师。她牵头成立的"深山教育互助会"累计资助贫困生387人，其中132名女童考入大学。更令人惊叹的是，她推动的"女童科技启蒙计划"让山里孩子首次接触编程机器人，2023年白洋教学点学生在全省青少年科技创新大赛中斩获银奖。

2021年退休后的支月英依然坚守讲台，她的背包里永远装着三件宝：老花镜、降压药和学生成长档案。当被问及为何拒绝高薪聘请时，她抚摸着教室门框上深深的手印："这些凹痕是孩子们每天触摸留下的，他们需要我，我就在这里。"

在支月英的"教育时间轴"上，刻满震撼人心的数据：骑坏6辆摩托车，行程相当于绕地球5圈；家访里程超过12万公里，磨破137双胶鞋；用坏43支红笔，批改作业千万字。但最令她骄傲的，是墙上"千桃万李满天下"的锦旗——那是她教过的三代人共同送来的礼物。

第六篇

胸怀天下　以文化人

师者，传道授业解惑也。
从古至今，
无数优秀教师以德感人，以文化人。

随着时代的变迁和改革开放的深化，面向现代化、面向世界、面向未来的当代中国教育，需要更多胸怀天下的教育家不断涌现。

扫码观看

教育开放的瞭望塔

精神提炼 ‖ 以学术为桥，连结文明交流星河

1982年，一本看上去并不起眼的中等师范教材《教育学》正式出版。这本由教育部委托北京师范大学教育系编写的教材中提出了一个新的教育观点：学生是教育的客体，又是教育的主体。这轰动了整个教育界。提出这个理论的正是时任北京师范大学教育系系主任的顾明远，新中国培养的第一批教育学学者之一。

1951年，当时就读于北京师范大学教育系的顾明远作为新中国第一批赴苏联留学生，到莫斯科列宁师范学院学习教育学，成为新中国最早走出国门的教育学学者之一。5年后，顾明远学成归国，开始了自己通过教育实践探索教育思想的道路。

20世纪70年代末，中国开始实行改革开放，敞开胸怀、

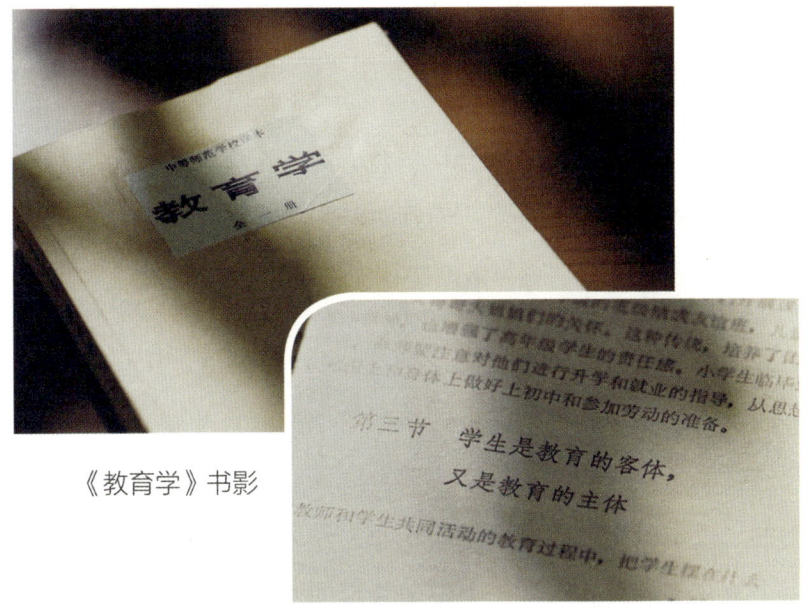

《教育学》书影

放眼世界的时代要求,为顾明远那一代的教育学者带来了把理论付诸实践的历史机遇。1983年,邓小平明确提出教育要面向现代化、面向世界、面向未来的方针,为中国教育改革指明了方向。

清华大学教育研究院院长　石中英

"三个面向",即教育要面向现代化,教育要面向世界,教育要面向未来,归根结底是要为社会主义现代化强国建设提供战略支撑。"三个面向"的提出为改革开放时期中国教育改革与发展指明了方向,使得中国特色社会主义教育有了更加高远的战略思维、更加广阔的世界眼光和更加深邃的未来意识。

就在"三个面向"提出的前一年,对时代有着强烈感知的顾明远参与主编的新中国第一本比较教育学专著——《比较教育》正式出版。在他的推动下,中国比较教育研究不断发展。

> **北京师范大学教授　顾明远**
>
> 比较教育，我国是在改革开放以后才建立起来的。当然改革开放以前也有个别老师研究国外的教育，但是作为一个学科来讲，应该是改革开放以后才建立起来的。

比较教育学，是通过比较不同的教育制度，探讨教育的共同特点、发展规律，并根据本国的条件取长补短，为提高教育质量服务。比较教育学学科建设恰逢其时地适应了邓小平提出的"三个面向"战略思想。顾明远作为学科奠基人之一，以一个教育家的高瞻远瞩，为中国教育的发展提供了一种全新的思路。

> **北京师范大学国际与比较教育研究院院长　刘宝存**
>
> 顾老师一直强调，我们要建一个类似于"联合国"一样的队伍——我们的每一位专家都是这个领域的专家，他们熟悉这个国家的语言，熟悉这个国家的文化，熟悉这个国家的制度。从而，他们可以更加深入地了解这个国家，研究这个国家的教育。

比较教育研究打开了中国教育的国际视野，让中国教育有了一个世界格局下的参照系和资源库，不断为中国教育体系转型发展建言献策。

历经30多年成长，北京师范大学比较教育研究所壮大为国际与比较教育研究院。顾明远亲自题写了院训"立足中国、放眼世界"。

顾明远参加学术考察与交流

| 北京师范大学国际与比较教育研究院副教授　丁瑞常 |

　　首先，我们必须不能封闭，得有全球视野。为什么要"立足中国、放眼世界"？我们研究别人的目的是什么？说到底就是为了我们自己这个国家的发展。

　　"胸怀天下、以文化人"，这是一位教育家的博大情怀。为了让中国教育真正融入世界，顾明远学术考察和交流的足迹，遍及世界五大洲。1990年，他当选为世界比较教育学会联合会两位联合主席之一。

　　在顾明远心中一直有一个愿望，那就是让这个号称"比较教育学科奥运会"的全球教育交流盛会能在中国举办。从1980年到2016年，在顾明远等中国教育学者的不懈努力下，2016年8月22日，世界比较教育学会联合会成立46年后第一次在中国召开，来自全球70多个国家和地区的1000余名专家、学者参加了这次大会。

第十六届世界比较教育大会在北京师范大学开幕

> **北京师范大学教授　顾明远**
>
> 对我个人来讲，我争取了20多年。有生之年我能不能看到这个大会在中国召开？总算看到了。

伴随共建"一带一路"和推进构建人类命运共同体，中国积极参与全球教育治理体系的变革，这也向中国比较教育研究提出了新的课题。

> **北京师范大学教授　顾明远**
>
> 我们要继续努力，把我们团队建设成为真正的教育发展智库，同时也发展成为我们培养国际化人才的一个重要基地。

"立足中国，放眼世界"，顾明远，这位学术无愧人师、德行堪为世范的教育家，把一生奉献给了胸怀天下、以文化人的弘道追求。

科技强国的双峰并峙

精神提炼 ‖ 以师者为炬，照亮报国新征程

就在顾明远以北京师范大学为基地，不断推进适应国家发展和时代要求的教育理论研究之时，杨士莪，中国水声工程学科的奠基人之一，也在哈尔滨工程大学同样以胸怀天下、弘道化人的报国之志，激励学子们为国家的科技自强，奋发有为。

> **哈尔滨工程大学教授、中国工程院院士　杨士莪**
>
> 你得认准了，然后就一头扎进去，几十年不变心。只有这样才能真正成长起来，才能真正成为对国家、对社会有用的人才。

这是年过九旬的杨士莪为本科生讲授第一门专业课"振动与声基础"上的一句话，他上课时从不坐下，因此被学生们尊为"一站到底院士"。

杨士莪带领学生们研究的水声学是研究水下声学特征的学科，对海洋开发和国防安全具有极为重要的战略意义。20 世纪 50 年代，中国的水声科学还是空白，军事需求迫切。杨士莪被国家选派到苏联学习。带着十足的学习热情来到苏联，杨士莪却发现苏联科学院声学所核心技术实验室的大门对中国人冷冰冰地关闭着。真正尖端的东西，从国外学是不可能的，杨士莪下定决心，先学好基础，再自主研发。

回国后，杨士莪争分夺秒地投入到水声科学的研究和教学

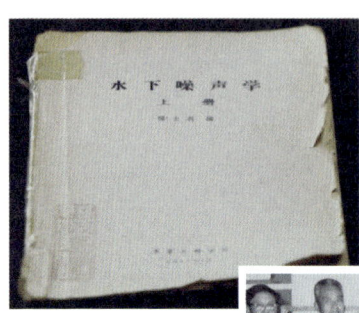

杨士莪编写的《水下噪声学》

杨士莪领导的教学科研团队的集体合影

中。他编写了中国最早的水声理论著作,和团队一起培养了第一批专业骨干和年轻教师队伍,创建了中国首个理工结合、覆盖全面的综合性水声工程专业,成功研制出一系列水声定位系统,为中国船舶和海洋装备装上了"千里眼"和"顺风耳",为中国的万里海疆筑起坚固的长城。

> **哈尔滨工程大学教授、中国工程院院士 杨士莪**
>
> 中国的科技发展,尤其是水声学的发展,第一不要妄自菲薄,第二不要妄自尊大。要承认我们有不足的地方,但是,在实干的基础上还要有雄心壮志,有点儿不服输的劲头。

88岁高龄的时候,杨士莪还亲自参加海试。在他和团队的持续努力下,中国的水声科技如今已位列世界前列,多项成果填补国际空白,哈尔滨工程大学也成为中国最大的水声科技研究中心和人才基地。

杨士莪在科研一线

| 哈尔滨工程大学教授、中国工程院院士　杨士莪

只要是社会需要、国家需要的，都是值得干的!

一生专注海洋强国事业的杨士莪，在万顷碧波的见证下，胸怀天下、以文化人，为国家培养了110多名硕士和博士，也把自立自强、科技报国的精神赋予了一代代年轻人，在科技的海洋上扬帆远航。

时代向另一位教育家和他的学生们发出了同样的挑战，那就是攀登数学的巅峰。2021年秋季开学，清华大学求真书院迎来了首届"数学领军班"新生。他们中年龄最小的刚刚初中毕业，他们身上寄托着一位国际数学大师的殷切期望。

丘成桐和清华大学求真书院首届"数学领军班"新生

> **清华大学求真书院院长　丘成桐**
>
> 科技的基础是科学，科学的基础就是数学，所有大自然里面的语言都是要靠数学表现出来的。

丘成桐，清华大学求真书院院长，是世界上最具影响力的数学家之一。他是第一位获得菲尔兹奖、第二位获得沃尔夫数学奖的华人。这两大奖项是世界数学界的最高荣誉。

1979年，时任美国斯坦福大学数学系教授的丘成桐受中国科学院副院长华罗庚之邀，第一次回国讲学。刚刚改革开放的中国，只争朝夕地追赶着国际科技发展的步伐。此后，推动中国数学事业的发展，成为身在美国的丘成桐矢志不移的追求。

> **清华大学求真书院院长　丘成桐**
>
> 到目前为止，历史上还没看见过一个国家科技上领先，而数学不领先的。中国科技没有领先的主要原因就是数学没有领先。

2021年菲尔兹奖得主考切尔·比尔卡尔教授
全职加入清华数学中心合影

为中国的科技发展夯实数学基础,这是丘成桐一直以来的心愿。从1979年首次回国讲学,他一次次为了这个目标往返于中美之间。为了彻底改变中国数学和基础科学大幅落后于欧美,而当代顶尖华人数学家大多在美国完成博士教育的现状,2020年10月,丘成桐主动请缨,要为国家培育一批基础科学人才,使得中国的科技从根本上改变,成为全球科技强国之一。这是他义务回国工作的唯一心愿。

2020年底,在习近平总书记的直接关怀下,丘成桐数学科学领军人才培养计划在清华大学落地实施。丘成桐"数学领军班"和此前已经招生的"数学英才班"并入2021年创办的求真书院,丘成桐担任院长。

清华大学求真书院院长　丘成桐

所有大数学家基本上从13岁开始,有些甚至更早,从12岁开始崭露头角,开始对数学感兴趣,十七八岁的时候进入一个比较成熟的阶段,几乎没有例外。但是,他们要通过相当长的教育过程才能成才。

丘成桐坚信只有大师才能教出大师。他邀请世界顶尖数学家来清华任教，用第一流的学问引导学生打好学术基础，确立科研方向。求真书院贯彻通才教育的理念，致力于培养兼具一流的学术能力、广博的人文素养，肩负使命、追求卓越的新一代数学家。

> **清华大学求真书院学生**
>
> 一方面我开始系统地学习数学专业的课程，不是像以前那样竞赛式地学习数学；另一方面，我觉得书院也提供了很多拓宽视野的机会，我逐渐认识到真正的数学学习是一个什么样的模式。

让教育强国推动科技强国。丘成桐通过数学教育，正在不断拓宽这条道路走向未来的希望。2024年7月，丘成桐作为发起人和主席的第二届国际基础科学大会在北京怀柔举行，这是首个在中国举行的世界基础科学领域顶级盛会，来自全球的顶尖数学家、理论物理学家和理论计算机与信息科学家齐聚北京，交流和探讨着人类科技发展的未来。丘成桐在清华大学求真书院的学生们也获得了零距离向世界顶尖学者学习的机会。相信在不久的将来，这个在中国本土培养的人才群体中就会诞生中国乃至世界数学和基础科学发展的领导者。

第二届国际基础科学大会在北京举行

诗教传薪铸国魂

精神提炼 ‖ 以诗词为舟，摆渡中华千年文明

丘成桐和学生们在努力攀登数学高峰的同时，在相距不远的海河之滨，叶嘉莹正在让中国传统文化焕发出新的活力。

2024年7月6日，农历六月初一，高达400多米的天津广播电视塔为一位教育家的百岁华诞献上了一座城市由衷的赞美与祝福："叶嘉莹先生一百岁了，她是孜孜不倦的摆渡人，她是中华文化的传薪者，诗教八十载，她是风雅的先生，穿裙子的士，她是诗词的女儿。"这一刻，来自世界各地的宾朋和学生齐聚南开大学，为他们敬爱的"大先生"贺寿。遗憾的是，叶嘉莹因病无法到场，只能从医院传来视频问候。

天津广播电视塔为叶嘉莹百岁华诞献赞美与祝福

叶嘉莹，1924年出生于北京一个书香之家，是辅仁大学毕业的古典文学高才生，先后在中国台湾和北美多所世界著名大学

任教，以西方现代文论研究中国古典诗词，推动了诗词文化在海外的传播，成为加拿大皇家学会唯一一位中国古典文学院士。

改革开放后，思念祖国的叶嘉莹给国家教委写信，请求自费回国教书。1979年春，在南开大学主楼第一阶梯教室，叶先生以自己的诗句"书生报国成何计，难忘诗骚李杜魂"开场，开始了她回国讲学的第一课。她抑扬顿挫的吟诵和别开生面的讲解，带领学生们踏上了一场如痴如醉的中国诗词之旅，为逐步恢复生机的中国高等学府带来了一股清新的风气。

> **南开大学中华诗教与古典文化研究所副所长　张静**
>
> 她有深厚的国学根底，再加上精湛的西学修养以及她深刻的生命体验，融为一体，所以她才能够运用中国话语讲好中国故事，彰显我们中国价值。

此后，叶嘉莹在中国各大高校讲授诗词，像候鸟一样往返于太平洋两岸。自加拿大不列颠哥伦比亚大学荣休后，叶嘉莹在南开大学创办了中华诗教与古典文化研究所，2015年定居南开园。叶嘉莹说自己一生只为一件事而来，那就是中国诗词的创作、研究和教育。

叶嘉莹在南开大学讲课

叶嘉莹，号迦陵，她捐出自己的积蓄3500多万元，成立了迦陵基金，志在全球弘扬中华诗教，把代表中华优秀传统文化的古典诗词传播到世界各地。

> **南开大学中华诗教与古典文化研究所所长　叶嘉莹**
>
> 我们处在苏东坡的环境吗？没有。我们处在辛弃疾的环境吗？没有。我们处在陶渊明的环境吗？没有。但是他们的生命力都存在于诗中。精神内涵，千古长存。

叶嘉莹把诗学探索和人生修行相结合，把诗词教学和文化传承相结合，开创了以"兴发感动"为核心的诗歌评论和教学的新模式，打动着每一个听她讲诗的人。

> **南开大学中华诗教与古典文化研究所所长　叶嘉莹**
>
> 莲实有心应不死，人生易老梦偏痴。一个人，人生不过百岁。梦，就是我有一个理想，我要把中国的诗词传下去，"千春犹待发华滋"。我希望我留下的种子在千百年之后，如果有一个人看到我的书，受到我的感动，能够有所成就，那我就不白白地讲这个课、写这本书。

叶嘉莹在南开大学创办中华诗教与古典文化研究所

1993年叶嘉莹在哈佛大学讲演

叶嘉莹在讲演

诗词之美是历史留给后人的馈赠,教育之美是先生培育出来的荷香。一生对荷花情有独钟的叶嘉莹,恰似静静绽放的荷花,于无声处,让越来越多的人感受到古典诗词的魅力,让中国传统文化之美在世界绽放。

"师者,传道授业解惑也"。从古至今,无数优秀教师以德感人、以文化人。随着时代的变迁和改革开放的深化,面向现代化、面向世界、面向未来的当代中国教育,需要更多胸怀天下的教育家不断涌现。

迦陵学舍题记

> 北京师范大学校长、中国科学院院士　于吉红
>
> 走向世界舞台的中国教育，需要广大教育工作者既要扎根中国大地，又要拓展全球视野，树立胸怀天下、以文化人的弘道追求，站在构建人类命运共同体的高度，积极推动国际教育合作，共同构建互鉴、互促的国际教育新生态，为完善全球教育治理贡献中国智慧和中国方案。

教师是立教之本、兴教之源，是教育发展的第一资源。党的十八大以来，教师队伍建设取得历史性成就，广大教师为国家教育事业发展做出了突出贡献。

党的二十届三中全会强调，要加快建设高质量教育体系，统筹推进育人方式、办学模式、管理体制、保障机制改革，坚持强教必先强师，提升教师教书育人能力，健全师德师风建设长效机制。这对教师队伍提出了更高的要求，也呼唤着广大教师和教育工作者以中国特有的教育家精神——

心有大我、至诚报国的理想信念；

言为士则、行为世范的道德情操；

启智润心、因材施教的育人智慧；

勤学笃行、求是创新的躬耕态度；

乐教爱生、甘于奉献的仁爱之心；

胸怀天下、以文化人的弘道追求，

为引领持续奋斗，推动中国从教育大国向教育强国不断前进。

▎**教育部副部长、总督学　王嘉毅**▕

　　国将兴，必贵师而重傅。教育家精神是我国从教育大国到教育强国系统性跃升的思想坐标和价值引领。我们要通过大力弘扬教育家精神，引导广大教师立德修身、敬业立学、教书育人，努力成为"经师"和"人师"相统一的"大先生"。矢志不渝践行为党育人、为国育才的初心使命，为培养造就堪当民族复兴大任的时代新人做出新的、更大的贡献。

　　教育家精神是师德之灵魂，是师风之指引。它从源远流长的中华传统师道文化中走来，正在中国式教育现代化进程中闪耀着时代的光辉。

　　这是一个伟大的时代，无数教育家辛勤耕耘，为实现教育强国孜孜以求。这是一个非凡的时代，无数教育工作者弦歌不辍，为百年梦想砥砺前行。

> 没有爱就没有教育，没有兴趣就没有学习。
>
> ——顾明远

教育家小传

顾明远

1929年出生于江苏江阴

教育学家。他投身教育领域数十载，在比较教育、基础教育等方面成果丰硕。始终秉持"以爱育人"的理念，强调教育要关注学生兴趣。他积极推动教育改革，提出诸多前瞻性观点，为教育事业发展指明了方向。他以其深厚的学识与高尚情怀，成为教育界的标杆，其教育思想影响深远，激励着一代又一代教育工作者为培养人才不懈努力。

顾明远：教育本质的守望者

在中国教育现代化的苍穹下，有这样一位执炬者——他以近百岁之躯丈量教育真谛，用七十余个春秋诠释何为"学为人师，行为世范"。从江南水乡的私塾学子到比较教育学科的奠基人，从苏联留学的青年教师到世界教育论坛的东方智者，顾明远用一生书写着教育的本质：那是春风化雨的坚守，是兼容并包的胸襟，更是以文化人的担当。

从私塾到莫斯科的求索之路

顾明远幼时家境贫寒，9岁丧父。日军的侵略几乎使得他家破人散，学业一度荒废，小学期间先后换了6所学校，高中靠亲戚资助才完成学业。尽管生活艰辛，但他功课优秀，尤其数学，初中起一直名列前茅。1948年，顾明远中学毕业，报考清华大学建筑系，无奈与之失之交臂。为了贴补家用，减轻母亲的负担，他到上海私立荣海小学当了教员。这段经历让他顿悟："教育不是职业，而是生命对生命的唤醒。"

1951年，作为新中国首批留苏学子，顾明远踏入莫斯科列宁师范学院。面对全俄语的教学和课堂讨论，年轻的顾明远感到了前所未有的压力。苏联同学一天可以读完的书，中国留学生花上两三天也读不完。因此，熬夜学习成了顾明远的日常。1958年，顾明远被派到北京师范大学附属中学负责初中教学和

1953年国立莫斯科列宁师范学院同学合影

顾明远与同学参加莫斯科"五一"国际劳动节游行

莫斯科红场的中国留学生

班主任工作。在这里,顾明远渐渐发现,苏联教育尽管有值得借鉴之处,但全盘照搬的结果必然是水土不服。如何总结苏联等国的先进教育理念,并结合中国的实际,运用到教育实践工作中去,成了顾明远此后不断研究的课题。

在学术荒原上播种比较教育

1979年,当《外国教育动态》杂志复刊时,顾明远出任主编,并请来宋文宝、况平和、曾昭耀,甚至自己的爱人周蕖参与到《外国教育动态》的编辑工作中来。1991年,这本刊物更名为《比较教育研究》,成为中国比较教育学科的产床。

在比较教育研究中,顾明远提出惊世之论:"学生既是教育的客体,更是教育的主体。"1980年,在主编《教育学》教材时,他力排众议写入"学生主体论",引发教育界大地震。有老教师质问:"让顽童当主体,课堂岂不乱了套?"他却坚持:"教育的真谛，是让每个灵魂都能自由呼吸。"

1982年，新中国第一本比较教育专著和教材——《比较教育》出版，作为主编之一的顾明远，在中国比较教育研究领域奠基人的地位由此确立。

1986年，他带领团队花费12年的时间在简陋的办公室里编纂《教育大辞典》。这套12卷本、700多万字的皇皇巨著，凝聚着中国教育学人的集体智慧。当有人抱怨"编辞典是惩罚"时，他淡然一笑："教育需要坐冷板凳的笨功夫。"

以教育之火点亮文明星空

作为世界比较教育学会联合会首位中国籍联合主席，顾明远的足迹遍及五大洲。在联合国教科文组织巴黎总部，他用流利的俄语阐述"中国教育现代化既要吸收人类文明成果，更要扎根中华文化"。当芬兰教育专家惊叹中国基础教育质量时，他直言："我们更要关注被应试压弯的幼苗。"

在《国家中长期教育改革和发展规划纲要（2010—2020）》起草现场，这位八旬老者连续工作18小时，逐字推敲"素质教育"表述。他力主将"提高教师社会地位"写入文件，因为"教师不是知识的搬运工，而是灵魂的工程师"。当看到山区孩子因"特岗计划"走进教室时，他眼含热泪："这就是教育公平的光。"

九旬教育家的未竟征程

如今，鲐背之年的顾明远仍奔走于教育一线。

他频繁穿梭于各大高校与教育论坛,在高校讲台上,结合自己半个多世纪的教育实践,声音洪亮、条理清晰地剖析当下教育的挑战与机遇。他强调教育要回归本真,重视学生品德修养与创新能力培养,不被功利化浪潮裹挟。其见解吸引着台下师生,大家或记录要点,或陷入沉思,掌声不时响起。

顾明远还积极投身基础教育改革调研,深入乡村学校。他坐在孩子们中间,耐心询问学习与生活情况,鼓励他们追逐梦想;与乡村教师交流时,认真倾听教师讲述教学困难,凭借丰富经验,从教学方法改进到师资队伍建设,给出切实建议。

数字化时代,顾明远紧跟潮流,关注教育信息化发展,鼓励教师利用现代技术创新教学模式,自己也学习新媒体知识、技术,通过线上讲座和文章分享,让教育理念传播得更远更广。

从江南私塾到世界讲坛,从比较教育拓荒者到教育公平守望人,顾明远用一生践行着"没有爱就没有教育"的信条。他的故事告诉我们:真正的教育,不是灌输知识的容器,而是点燃火种的炬手;不是追逐名利的赛场,而是照亮未来的灯塔。在这条永无止境的求真之路上,这位教育老兵仍在砥砺前行,因为他深知:教育之光,关乎民族未来,更关乎人类文明走向。

1955年顾明远在国立莫斯科列宁师范学院宿舍前留影

年过九旬的国明远

要给后人留下一条平直宽阔的路，而不是一条坑坑洼洼的路。

——杨士莪

教育家小传

杨士莪

1931—2024

河南南阳人

教育家、中国水声工程学科奠基人之一。他一生奉献于海洋科研与教育事业，在水声学领域成果卓著。教学中，他严谨治学，注重培养学生科研能力与家国情怀。他以开拓进取精神，为学科发展铺就坦途，用行动诠释教育者的担当，激励着众多学子投身科研，为我国海洋事业培养大批栋梁之才。

杨士莪：水声报国筑深蓝

在中国水声工程领域，有这样一位执炬者：他以 72 个春秋丈量海洋深度，用 60 余年光阴浇筑学科基石，从战火纷飞的年代一路走到深海勘探的最前沿。他，就是中国水声工程学科奠基人杨士莪——一位用生命倾听大海声音的科学巨匠，一位将"为国听海"写入灵魂的教育家。

战火淬炼的报国志

1950 年，清华大学物理系三年级学生杨士莪看到刚成立的海军学校招考物理教师的公告后，毅然报名参军，投身于海洋科研的伟大事业中。

1952 年，在中国第一所综合性高等军事技术院校——中国人民解放军军事工程学院（哈军工）的筹建现场，21 岁的杨士莪和同事们用马灯照明，在零下 30 多摄氏度的严寒中绘制教学楼图纸。当有人质疑"海军建设何必在内陆搞"时，他指着世界地图慷慨陈词："渤海湾就是中国的内海训练场！"这种战略眼光，源自他早年随家

杨士莪在大学时代的留影

1952 年初入哈军工的
杨士莪

人辗转重庆、河南等地的经历——在日军轰炸中逃生的切肤之痛,让他比任何人都清楚海洋防线的重要性。

在苏联实验室的觉醒时刻

1956年,一纸调令改变了杨士莪的人生轨迹。作为水声学科的"拓荒者",他被派往苏联科学院声学研究所进修。在涅瓦河畔的实验室里,杨士莪发现一个奇怪的现象:苏联科学院声学所的大门虽然向中国人敞开,但其核心技术实验室的大门却始终对中国人紧闭。这个细节像钢针般刺痛了他的心:"真正尖端的东西,你想从国外学、想从国外买,是做不到的,我们要自力更生,这就是一个国家、一个民族的骨气。"紧闭的实验室大门激发了杨士莪的信心和志气,他立下誓言——一定要让中国的"耳朵"听懂大海的声音。

回国后,杨士莪立即着手拓宽专业领域,准备建立一个理工结合的综合性水声工程专业。没有教材,他就带着青年教师到海军基地,在实测数据中提炼理论;缺少设备,他就带着学生用废旧潜艇的螺旋桨改造换能器。60多年来,杨士莪不仅在水声科技领域取得了多项重大突破,还为中国水声事业的蓬勃

杨士莪苏联留学时与同学合影

发展贡献了自己的智慧。他的"落点水声测量系统"研制成功，为"蛟龙号""科学号"等科研船舶提供了关键的高精度定位系统。此外，他还主持了多个重要科研项目，如"重力式低噪声水洞"等，为中国的水声科技事业奠定了坚实基础。

科研育人"站"得执着

在几十年的科研生涯中，杨士莪始终坚定建设科技强国、海洋强国的信念，他常教导学生要成为真正"站"起来的人。退休后，他依然忙碌，外场试验、学术会议等日程排满，却从不耽误教学，审阅论文反馈迅速、意见清晰。

杨士莪常常缺席颁奖活动，却愿意站上讲台为学生解惑。他虽忙于科研，但对教学从不懈怠，遇到重要科研活动外出总会提前调整上课时间，回来后再及时补课。他承担多层次教学工作，上课认真严谨。

坚守三尺讲台70多年，杨士莪培养了硕士、博士研究生110多名，教过的学生达数千人，多数成为科研及学术骨干，为中国水声事业发展做出重要贡献。

2010年，在杨士莪80岁生日时，上百名弟子联名送给他一副对联："八十载春秋未老，百万里桃李同芳。"

九旬院士的"最后一课"

在哈尔滨工程大学的讲台上，杨士莪创造了两个"奇迹"：一是无论寒暑始终站立授课，工整的板书如印刷体般精美；二是 90 岁高龄仍坚持为本科生手写教案，公式推导严密如青年教师。他的学生、中国工程院院士杨德森至今记得，某次海试数据异常，先生连夜在实验室推导出十几页计算稿，清晨带着团队推翻原有模型，他说"科学容不得半点将就"。

杨士莪的课堂从不局限于教室，永远在"移动"。舟山群岛的海试中，他与学生挤在摇晃的小艇上，以浪涌声为背景讲解声波折射原理；青岛胶州湾的滩涂上，他拄着拐杖跋涉 3 公里，在泥泞中演示水下噪声传播规律。这种"把论文写在祖国海疆"的传统，让中国水声学科从跟跑、并跑到部分领域领跑。

永不熄灭的海洋之光

2024 年 3 月 19 日，杨士莪在哈尔滨逝世，享年 93 岁。他留下的不仅是填补空白的学科体系、服务国家战略的科研成果，更有一座精神的丰碑。在他筹建的国内首个水声重点实验室里，年轻科研人员仍在延续他的探索：从南海岛礁声学监测到北极冰下导航，从智能水声通信到海洋环境感知，中国水声人正以"自主创新"为笔，续写着"为国听海"的新篇章。

从战火中走来的少年，到深海探测的引路人，杨士莪用一生诠释了何为"胸怀天下、以文化人"。他的故事告诉我们：真正的科学家精神，是像水声波那样穿透深海黑暗的执着，是像重力式低噪声水洞那样屏蔽浮躁的定力，更是像永不消逝的电波般，将个人命运与国家需要同频共振的赤子之心。

> 做学问要追求真理，教育要培养有独立思考能力的人。
>
> ——丘成桐

教育家小传

丘成桐

1949 年生于广东汕头

美籍华裔数学家、教育家。他在数学领域成就斐然，获菲尔兹奖等众多荣誉。投身教育后，他致力于培养数学人才，倡导学术自由与创新精神。他积极推动数学教育普及与改革，鼓励学生勇于探索未知。他以远见卓识，为数学教育发展注入新活力，激励无数青年投身数学研究，追求科学真理。

丘成桐：数学王国的摆渡人

丘成桐，这位被《纽约时报》称为"数学王国的凯撒大帝"的华人数学家，用 70 余年光阴证明：真正的数学精神，是跨越国界的真理追寻，是熔铸古今的文化传承，更是以学术为舟楫摆渡人类智慧的壮阔征程。

寒门少年的数学觉醒

1963 年，香港中文大学崇基学院的讲堂里，14 岁的丘成桐攥着父亲临终前留下的《史记》，在数学试卷上写下歪斜的公式。父亲丘镇英作为哲学教授，教子女国学、书法与处世之道。在父亲指导下，丘成桐小学毕业时成绩十分优秀。这种跨文化的思维训练，在他心中埋下了追问本质的种子。

父亲骤然离世后，家道中落。在母亲的鼓励下，少年丘成桐一边读书一边打工，考上了香港最好的中学——培正中学，还获得了学费全额减免。那时候起，他就表现出对数学特别的喜爱和天赋。1966 年，丘成桐中学毕业，考入了香港中文大学数学系，开启了他和数学一生的不解之缘。

在香港中文大学，丘成桐的数学才能很快得到来自美国的数学家斯蒂芬·萨拉夫的认可，在他的推荐下，丘成桐提前一年毕业，前往美国加州大学伯克利分校深造。

"注定要改变数学的面貌"的才气，使丘成桐受到华裔数学大师陈省身的器重。在陈省身的指导下，丘成桐用一年时间就完成了博士论文，两年后顺利获得博士学位。

征服数学巅峰的孤勇者

1976年的伯克利实验室里，27岁的丘成桐攻克了困扰数学界22年的卡拉比猜想。这个证明不仅开创了几何分析学派，更让"卡拉比-丘流形"成为弦理论的核心概念——当物理学家用这些六维空间解释宇宙起源时，他们触摸到的正是丘成桐笔下流淌的数学之美。

"数学不是冰冷的符号，而是宇宙的诗篇。"丘成桐常这样对学生说。1978年，他在芬兰世界数学大会上作《微分几何中偏微分方程作用》的报告，用黎曼流形上的调和函数重构了几何分析的理论框架。这场演讲被后世称为"微分几何的独立宣言"。

摆渡东西方的学术使者

1979年，应华罗庚之邀，丘成桐第一次回国讲学。当看到中国科学院数学所简陋的图书馆时，他当即捐出半年薪水购置外文期刊。此后40年间，他像候鸟般往返于太平洋两岸：在哈佛大学培养了包括田刚在内的30余位数学家，又在中国科学院晨兴数学中心、浙江大学数学科学中心、清华大学求真书院播撒火种。

"中国需要自己的数学学派，就像敦煌壁画需要自己的画

丘成桐与丘成栋、华罗庚合影

师。"2009年,丘成桐在清华大学创立数学科学中心时,亲自设计课程体系,要求博士生必修《史记》《汉书》。"没有人文底蕴的数学是苍白的。"他坚持在几何分析研讨会前开设"古典文学与数学思维"讲座,让年轻学者在屈原的《天问》与庞加莱猜想间寻找共鸣。

教育革命的燃灯者

2022年4月,在哈佛大学工作35年之久的丘成桐,从哈佛大学退休,全职加入清华大学。这次回归,并不是他一时起意,而是为了实现他心中多年来的梦想。

创建数学研究中心,是丘成桐教育革命的重要一步。他深知,数学科学中心是研究、交流与人才培养的基地,是数学发展的基石。为此,他积极奔走,除清华大学丘成桐数学科学中心外,还与中国科学院、香港中文大学和浙江大学等院校,建立8个颇具影响力的数学研究中心。

在整合数学前沿资源上,丘成桐同样不遗余力。在清华大学丘成桐数学科学中心，他引进多位顶级学者，通过北京雁栖湖应用数学研究院、清华三亚国际数学论坛等，定期邀请世界知名数学家参加研讨会和学术访问。他还发起国际华人数学家大会、世界华人数学家联盟，设立多个奖项，促进全球华人数学交流，提升中国数学国际话语权。

培养未来数学人才，是丘成桐教育革命的核心目标。在哈佛大学任教时，他就栽培华人学生，指导培养十几个博士生。在中国，他通过成立"丘成桐奖教奖学基金"、设立多个面向不同学段的数学奖项、发起丘成桐大学生数学竞赛等方式，挖掘有天赋的数学人才。

永恒的摆渡精神

2023年，第二届国际基础科学大会在北京怀柔举行。当丘成桐用客家话吟诵《归去来兮辞》作为开幕致辞时，来自37个国家的科学家们突然理解了：这个将卡拉比猜想与陶渊明田园诗相提并论的老人，始终在数学理性与人文感性间寻找平衡点。

从卡拉比猜想到正质量猜想，从伯克利实验室到清华校园，丘成桐用一生践行着"摆渡人"的使命：他摆渡的不只是数学理论，更是东西方文明的对话；他培养的不只是学术精英，更是具有文化自信的新一代学者。

当人们仰望数学王国的星空时，那座连接真理与人文、东方与西方的桥梁，正闪耀着永恒的光芒。

弱德之美,不是弱者,弱者只趴在那里挨打。弱德就是你承受,你坚持,你还要有你自己的一种操守,你要完成你自己,这种品格才是弱德之美。

——叶嘉莹

教育家小传

叶嘉莹

1924—2024

加拿大籍华人

中国古典文学研究专家、教育家。她一生钟情诗词,致力于诗词研究与传承。在教学中,她以诗育人,用诗词之美滋养学生心灵,培养学生对传统文化的热爱。她历经坎坷却坚守诗词事业,以自身经历诠释"弱德之美"。她为古典诗词传承与教育做出巨大贡献,让更多人领略到诗词的魅力与力量。

叶嘉莹：诗词女儿传薪火

在北平察院胡同里，四合院里的蝉鸣与书声交织。三四岁的幼童叶嘉莹伏在青砖地上，开始跟随长辈吟诵古诗词。这个生于书香世家的满族少女不会想到，90多年后的今天，她将以"诗词的女儿"之名，在人类文明的长河中激起永恒的涟漪。

诗心铸就生命铠甲

1941年，17岁的叶嘉莹以优异成绩考入辅仁大学国文系。在战火纷飞的年代，她的父亲随公司南迁，自此与家人音讯全无。家中的一切重担，全落在了母亲的肩上。然而，母亲也在这一年突然病逝。寒夜里，她用《秋蝶》寄托哀思："几度惊飞欲起难，晚风翻怯舞衣单。"诗词成为黑暗中的火把，照亮她穿越战火的道路。

1948年，叶嘉莹随丈夫一同迁至台湾高雄。女儿仅4个月

1941年高中毕业前的叶嘉莹

1945年大学毕业获学士学位的叶嘉莹

1943年叶嘉莹就读辅仁大学时与顾随先生及同班同学合影

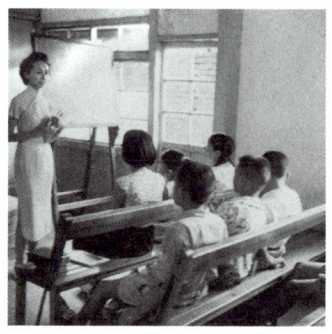
1956年叶嘉莹在台北教书

大时,丈夫遭迫害入狱,被监禁3年多。期间,她和女儿也曾被拘押,还丢了工作。叶嘉莹带着幼女漂泊无依。她在《转蓬》一诗中,用"剩抚怀中女,深宵忍泪吞"的诗句,深刻描绘了彼时她内心的无奈与困顿。

1969年,叶嘉莹携家人迁至加拿大温哥华定居,多年流离后终获安稳,两个女儿也各自组建了幸福家庭。然而1976年,命运却再次给了她沉重一击——她的大女儿与女婿在车祸中双双离世。料理完后事,她闭门痛哭,在无尽悲痛中写下十首悲歌。《悼女篇》中"期盼万般,期许千回,终成泡影,昔日呵护,今已随风飘散。忆及婴儿在怀中的温馨时光,二十七年恍若梦境,不堪回首",尽显其丧女之痛。

南开园里的诗教灯塔

1974年,50岁的叶嘉莹终于踏上一别26年的故土。回到久别重逢的祖国,叶嘉莹写下一首长达1870字的长诗《祖国行长歌》:"卅年离家几万里,思乡情在无时已。一朝天外赋归来,眼流涕泪心狂喜……"

1978年,叶嘉莹给国家教委写了一封长信,表示不要任何报酬,只希望能回国教书。

叶嘉莹归国之后,先后在诸多知名高校授课,其课堂座无虚席,众多学子均被她深厚的学识与高雅的言辞所折服。叶嘉莹身着旗袍站在讲台上,用吴侬软语解读《古诗为焦仲卿妻作》。当讲到"孔雀东南飞,五里一徘徊"时,窗外玉兰花瓣飘落在讲稿上,她即兴吟诵:"此物最相思,片片皆情语。"

为培养研究人才,叶嘉莹在南开大学创立中华诗教与古典文化研究所。她更将个人所有的积蓄以及变卖房产所得,无私地捐献给南开大学教育基金会,旨在资助对中国传统文化的深入研究。

2015年,南开大学为叶嘉莹筑起一方精神归处——迦陵学舍。这座以先生号"迦陵"为名的书院,青砖灰瓦间流淌着千年文脉,飞檐斗拱下沉淀着岁月沧桑。是年,叶嘉莹终结海外漂泊生涯,如候鸟归巢般定居南开园,在古典诗词的星空下,以毕生心血浇灌的诗教之花终于绽放于故土。

让诗词照亮人间

在叶嘉莹的课堂上,诗词从来不是束之高阁的文物。她带学生到天津海河边吟诵《春江花月夜》,在云南丽江讲解纳西古乐与《诗经》的渊源。2017年,93岁高龄的她坚持录制《古诗词吟诵课》,为每首诗词设计独特调式:"《蜀道难》要用秦腔的苍劲,《钗头凤》需带越剧的婉转。"

面对乡村诗教荒漠,她发起"诗教润乡土"计划。在四川甘孜道孚县，孩子们将《敕勒歌》画成唐卡；在贵州黔东南，苗家少女用侗族大歌吟唱《诗经·蒹葭》。当看到云南山区的孩子用芭蕉叶抄写《将进酒》时，她泪光闪烁："这就是诗词的生命力。"

为传承吟诵传统，她整理出涵盖26种方言的吟诵谱系。在《掬水月在手》纪录片中，她演示用河北霸州方言吟诵《离骚》，尾音拖长的"路漫漫其修远兮"，仿佛穿越两千年的时空回响。

文明互鉴的摆渡人

叶嘉莹是加拿大皇家学会首位中国古典文学院士。她开创性地将西方文论引入中国古典诗词研究，反思传统的"知人论世"观，提出"知性与感性统一"的研究方法。她与哈佛大学海陶玮教授合作数十年，把陶渊明、杜甫等诗人作品译介至西方，推动了中国古典文学国际化传播，彰显了中华文化的开放包容。

在加拿大不列颠哥伦比亚大学任教时，叶嘉莹克服语言障碍，用英语讲授诗词意境之美，培养的研究生如施吉瑞教授等成为北美汉学界中坚力量，接续传播中华文化。她还系统整理传统吟诵调，录制课程，让千年诗韵跨越时空，成为连接东西方的文化纽带。

叶嘉莹坚信诗词价值在于精神和文化，以"弱德之美"诠释中华文化坚韧，用"诗教润乡土"推动诗词教育普及，多次组织国际学术研讨会，汇聚中外学者共话文明传承。她捐赠毕生积蓄设立的"迦陵基金"，让诗词教育成为文明互鉴的火种。

百年人生的精神图谱

2023年10月，南开大学举行"中华诗教国际学术研讨会"，叶嘉莹亲临现场，讲述自己的诗词人生与诗教情怀："我是教诗的。我认为，诗歌能够用美丽的韵律、声音传达一种教化。所以，我曾写过一首诗，'中华诗教播瀛寰，李杜高峰许再攀'。旧诗说到伟大的诗人，只说李白跟杜甫是两个最出名的诗人。所以中华诗教要流播、要传达给下一代，作出像李白、杜甫他们那样伟大的成就。我们的年轻人，要共同向着这样的高山去攀登。"

2024年深秋，南开园银杏叶纷飞。病榻上的叶嘉莹仍坚持口述《诗词中的生命哲学》，当讲到陶渊明"纵浪大化中，不喜亦不惧"时，她忽然停顿，望着窗外喃喃："我这一生，就是把中国诗词的美，种进更多人心里。"

11月24日，这位跨越世纪的诗教摆渡人安详离世。遗体告别仪式上，自发前来的市民排起了千米长队。迦陵学舍的荷花池畔，新栽的莲藕正在抽芽——那是她留给世界最后的诗行。

从北平四合院到温哥华别墅，从台湾监狱到南开讲坛，叶嘉莹用百年人生诠释：真正的文化传承，不是固守残垣的悲鸣，而是让古老智慧在新时代焕发生机。

致未来教育者

　　本书呈现的群像,既是一段波澜壮阔的教育史诗,更是一面照见当下的镜子。

　　愿这些影像与文字能成为您手中的火炬,在教育的长路上,既照亮来路,更指引前程。

　　致敬所有正在书写教育史诗的后来者——愿你们以创新为楫,以仁爱作舟,在时代的江河中续写自己的教育传奇……